UNIVERSITÉ DE LYON — FACULTÉ DE DROIT

DES PRIVILÈGES DU TRÉSOR PUBLIC

THÈSE POUR LE DOCTORAT

(Sciences juridiques)

SOUTENUE DEVANT LA

FACULTÉ DE DROIT DE L'UNIVERSITÉ DE LYON

Le Mardi 28 Juillet 1903, à 2 heures

PAR

Antoine ROUGIER

Docteur en Droit *(Sciences politiques)*

Lauréat du Concours général (1899)

Avocat à la Cour d'Appel de Lyon

LYON

IMPRIMERIE WALTENER & Cie

3, Rue Stella, 3

1903

DES PRIVILÈGES DU TRÉSOR PUBLIC

UNIVERSITÉ DE LYON — FACULTÉ DE DROIT

DES PRIVILÈGES DU TRÉSOR PUBLIC

THÈSE POUR LE DOCTORAT

(Sciences juridiques)

SOUTENUE DEVANT LA

FACULTÉ DE DROIT DE L'UNIVERSITÉ DE LYON

Le Mardi 28 Juillet 1903, à 2 heures

PAR

Antoine ROUGIER

Docteur en Droit *(Sciences politiques)*
Lauréat du Concours général (1899)
Avocat à la Cour d'Appel de Lyon

LYON
IMPRIMERIE WALTENER & Cie
3, Rue Stella, 3

1903

UNIVERSITÉ DE LYON

FACULTÉ DE DROIT

MM.

CAILLEMER (E.), O. ✻, I. ✿, C. ✠, doyen, professeur de Droit civil, correspondant de l'Institut.

MABIRE, ✻, I. ✿, professeur honoraire.

GARRAUD, I. ✿, professeur de Droit criminel.

APPLETON (Charles), I. ✿, professeur de Droit romain.

FLURER, I. ✿, professeur de Droit civil, assesseur du Doyen.

THALLER, I. ✿, professeur honoraire.

AUDIBERT, I. ✿, professeur honoraire.

COHENDY, ✻, I. ✿, professeur de Droit commercial.

PIC, I. ✿, professeur de Droit international public.

APPLETON (Jean), A. ✿, professeur de Droit administratif.

LAMBERT, A. ✿, professeur d'Histoire générale du Droit français.

BOUVIER, A. ✿, professeur de Science financière et de Législation française des finances.

LAMEIRE, A. ✿, professeur d'Histoire de Droit public.

JOSSERAND, A. ✿, professeur de Droit civil.

BROUILHET, A. ✿, agrégé (Sciences économiques).

HUVELIN, agrégé (Histoire du Droit).

LÉVY, agrégé (Droit privé et Droit criminel).

GONNARD, agrégé (Sciences économiques).

CAILLEMER (Robert), chargé de cours (Histoire du Droit).

BECQ, I. ✿, secrétaire.

JURY DE LA THÈSE

MM. BOUVIER, professeur, *Président.*

CAILLEMER, professeur, } *Assesseurs.*
JOSSERAND, professeur, }

INTRODUCTION

1. Nécessité sociale des privilèges du fisc pour assurer la rentrée de l'impôt.
2. Privilèges du fisc à Rome.
3. Privilèges du fisc dans l'ancien droit.
4. Organisation financière de la Révolution.
5. Justification des privilèges concédés au Trésor public. Leur principe juridique.
6. Législation réglementant la matière et plan de l'ouvrage.

1. — L'impôt est la part contributive aux charges sociales que doit payer tout citoyen. L'étendue et le mode de perception de cette dette peuvent varier à l'infini, suivant l'organisation sociale, les mœurs, les conceptions politiques et les nécessités gouvernementales de l'époque, mais le principe même de l'institution n'a jamais varié. Un Etat ne peut pas maintenir son existence, s'il ne perçoit pas d'impôts. Aucune vie sociale n'est possible sans cette contribution de tous aux dépenses communes, qui en est, suivant Cicéron, comme le nerf : « *Vectigalia nervos esse reipublicæ* » (1).

L'impôt constitue, au moins dans la plupart des

(1) Cicéron : *Pro lege Manilia*, 7.

nations modernes, la majeure partie des recettes budgétaires, du fonds commun dans lequel peut puiser l'Etat pour assurer le fonctionnement des services publics. Aussi est-il de l'intérêt de tous, de l'intérêt des contribuables eux-mêmes, qu'il rentre régulièrement et sans retard, dans les caisses du Trésor. Si certains citoyens avaient la liberté de ne point payer l'impôt, le poids de leur insolvabilité retomberait nécessairement, soit sur le budget de l'Etat qui serait désorganisé, soit sur les autres citoyens dont les charges se trouveraient étendues au delà de leurs parts contributives. De toutes façons, le fonctionnement des services publics en souffrirait, l'Etat ne serait plus qu'un corps inerte, paralysé, incapable de remplir ses fonctions sociales, et une désorganisation générale ne tarderait pas à se produire.

Pour assurer la rentrée des impôts, il faut que l'Etat, considéré en tant que créancier, jouisse de prérogatives spéciales, de *privilèges* (1) — au sens large du mot,— qui lui permettent d'être payé par préférence

(1) Pour éviter toute amphibologie nous devons insister sur les deux acceptions du mot *privilège*, dont nous nous servons. Un « privilège » *lato sensu* est un droit exceptionnellement favorable, une prérogative spéciale accordée à une certaine personne déterminée, sans d'ailleurs préjuger en rien de la nature de ce droit. Un privilège *stricto sensu* est un droit de préférence accordé à un créancier par la loi, et qui lui permet de primer les autres créanciers chirographaires ou même les créanciers hypothécaires. L'objet de notre étude porte sur les privilèges *stricto sensu* du Trésor en droit français, mais dans notre introduction et notre historique, nous employons souvent le mot au sens large, étudiant les garanties qui peuvent être accordées au Trésor public, en général, que ces garanties consistent en droit de gage, en hypothèque, en privilège proprement dit, ou en toute autre sûreté.

à tous autres créanciers. Le Trésor public ne peut pas venir en concurrence avec les autres créanciers du contribuable et risquer d'être primé par eux, car l'intérêt général doit toujours passer avant les intérêts particuliers, quelque respectables d'ailleurs qu'ils puissent être. Ce privilège de l'Etat est d'une nécessité si manifeste que nous le retrouvons à toutes les époques et dans tous les pays, sous des formes variées : droit de prélèvement, de privilège, de préférence, de gage, d'hypothèque, etc. Tous les législateurs ont armé le Trésor de sûretés particulières pour assurer le recouvrement de ses créances, sûretés grevant soit les biens du débiteur lorsque l'impôt est perçu en régie, soit ceux des fermiers lorsqu'il est affermé.

Si les privilèges fiscaux de l'Etat sont choses nécessaires, ils n'en ont pas moins un assez grand nombre d'inconvénients. En permettant au fisc de se payer le premier sur les biens de son débiteur insolvable, ils font retomber en définitive le poids de l'impôt sur les créanciers du contribuable, moins favorisés, qui doivent renoncer à obtenir le payement de leurs créances. D'autre part, en grevant de droits réels une grande partie, parfois même l'universalité des biens du débiteur, ces privilèges peuvent diminuer son crédit et gêner considérablement ses transactions. En un mot, ces privilèges font naître un conflit entre l'intérêt général et l'intérêt particulier, entre l'Etat et l'individu. La tâche délicate qui incombe au législateur est précisément de sauvegarder les intérêts de l'Etat en lésant le moins possible ceux des individus, de garantir les créances d'impôts du Trésor, sans tolérer pour cela une main mise générale du fisc sur la propriété privée, de limiter les privilèges du Trésor à ce qui est strictement nécessaire pour garantir la rentrée des impôts.

Avant d'examiner le problème ainsi posé dans notre législation actuelle, — ce qui constitue le but de notre étude, — nous croyons devoir donner un aperçu extrêmement sommaire sur les solutions qu'il reçut à Rome et dans notre ancien droit.

2. — A Rome, il faut distinguer dans le droit fiscal, deux grandes périodes correspondant à deux modes différents de perception de l'impôt : avant l'Empire et après l'établissement de l'Empire.

Dans la première période nous voyons les impôts perçus au moyen du système de la ferme, système qui, d'ailleurs, précède presque toujours historiquement celui de la régie et se développe le premier dans les sociétés naissantes qui ne disposent que d'une administration rudimentaire et d'un petit nombre d'agents de perception. Successivement appliqué à tous les impôts directs ou indirects à mesure de leur création, ce système se perpétua pendant toute la durée de la Royauté et de la République.

L'impôt était affermé par voie de mise aux enchères aux « publicains », généralement à une *societas vectigalium* dont le directeur *(manceps)* devait payer immédiatement le montant de l'adjudication, et avait ensuite la liberté de faire rentrer l'impôt à son profit.

Les publicains ne jouissaient envers les contribuables d'aucune sûreté particulière, pour le recouvrement de l'impôt, et cette garantie eût été pour eux bien inutile, étant donné la puissance matérielle dont ils disposaient, et la liberté qui leur était laissée de rançonner littéralement les débiteurs du fisc, si l'on en croit les récits de Cicéron et Tite Live.

Mais l'Etat exigeait des publicains une double garantie : des cautions *(prædes)* et des sûretés réelles *(prædia)*. Ces dernières constituaient vraisemblablement un gage, un cautionnement au profit du Trésor, car plusieurs textes les qualifient de « *prædia pignorata* » « *prædia pignori data* » (1). Un droit assez compliqué, le *jus prædiatorum* comprenait l'ensemble des règles applicables aux *prædes* et aux *prædia* (2).

Avec l'Empire commence la seconde période. Des agents gouvernementaux, les *procuratores*, furent chargés de surveiller la rentrée des impôts affermés. Le système de la ferme ne fut plus appliqué qu'aux impôts indirects, l'Etat percevant lui-même les impôts directs ; enfin des garanties nouvelles en faveur du Trésor public firent leur apparition.

Ce fut d'abord un privilège général qui grevait tous les biens meubles et immeubles du débiteur, quel qu'il fût : publicain ou contribuable (3). Mais cette garantie était bien faible puisque en droit romain le privilège ne confère au créancier qu'un simple droit de préférence à l'encontre des créanciers chirographaires, et

---

(1) *Prædia dicta quod ea pignore data publice mancipis fidem præstant* (Varron, *lingua latina*, V. 40).

Cf. Jourdan : *L'hypothèque romaine*, p. 53.

(2) Cf. Ducos : *Jus prædiatorum* (thèse).

(3) *Privilegium fisci est, inter omnes creditores, primum locum tenere.* (Paul, *Sent.* V, 12, § 10).

ne lui permet pas de primer les créanciers hypothécaires. La lacune fut comblée par la création d'une hypothèque légale tacite au profit du fisc, portant sur tous les biens présents et à venir du débiteur (1); l'hypothèque frappait également les contribuables et tous ceux qui contractaient avec le fisc. Cette hypothèque légale appliquée d'abord avec modération et aussi restrictivement que possible (2), alla en élargissant toujours son champ d'application, et à la fin du IVe siècle, le jurisconsulte Hermogénien put poser en règle générale la maxime « *fiscus semper habet jus pignoris* » (3). Toutes les créances du Trésor étaient garanties par l'hypothèque légale.

Toutefois l'hypothèque légale ne garantissait pas encore les droits du Trésor d'une manière absolue, puisque le rang des hypothèques était déterminé par la priorité de date. Le fisc était encore primé par les créanciers hypothécaires antérieurs. Ce dernier danger fut écarté par la création d'une hypothèque privilégiée au profit du fisc pour le recouvrement des *tributa*,

---

(1) *Bona eorum qui cum fisco contrahunt, lege vacuaria, velut pignoris jure, fisco obligantur; non solum ea, quæ postea habituri sunt.* (Ulpien, frag. *de jure fisci*, 5). (Cf. L. 2, *Code de priv. fisc.* — L. 3, *Code de priv. fisc.* — L. 2, Code *in quibus causis).*

On discute beaucoup sur l'époque à laquelle cette hypothèque légale a fait son apparition. On admet généralement qu'elle est antérieure au IIe siècle. Certains auteurs, en se basant sur le fragment d'Ulpien rapporté ci-dessus et en lisant *vicesimaria* au lieu de *vacuaria* la font remonter à la loi sur l'impôt des successions (6 ap. J.-C.)

(2) V. L. 47, Pr. D. *de jure fisci.* — L. 3, § 7, D, *de jure fisci.* — L. 1, Code, *de priv. fisc.* — Cf. Jourdan : *L'hypothèque romaine*).

(3) L. 46, § 3, C. *de jure fisci.*

création due à Caracalla (1), et qui permit à l'Etat de primer tous les autres créanciers, chirographaires, privilégiés ou hypothécaires. Avec cette dernière réforme les droits du fisc étaient garantis autant qu'il était possible, et les droits des créanciers privés lui étaient toujours et systématiquement sacrifiés.

3. — L'invasion des Barbares amena la disparition de la plupart des institutions romaines. Celles-ci étaient en effet trop compliquées et trop savantes pour pouvoir être pratiquées par ces peuples encore frustes et peu évolués. Le droit fiscal romain fut compris dans l'oubli général; la notion même d'impôt d'Etat s'effaça.

La féodalité n'amena aucun progrès, bien qu'elle eût institué de multiples redevances. La fiscalité du moyen âge en effet ne fut pas organisée dans l'intérêt public, pour la satisfaction des besoins généraux, mais dans l'intérêt particulier des seigneurs et pour leur profit personnel. Les droits fiscaux constituaient pour les seigneurs un revenu analogue au produit de leurs terres. L'idée d'impôt public avait entièrement disparu : le roi lui-même ne percevait des redevances qu'en qualité de seigneur (2).

Dans la suite la royauté, au fur et à mesure que

(1) « *Venditionem ob tributorum cessationem factam revocari non oportet, neque priore domino pretium offerente, neque creditore ejus jure hypothecæ sive pignoris. Potior est enim causa tributorum, quibus priore loco omnia cessantis obligata sunt.* » (L. 1, *si propter publicas*, C. IV, 46).

(2) Cf. Esmin : *Histoire du droit*, p. 268.

son pouvoir s'étendit et s'affermit, rétablit l'impôt général — non sans protestations et sans difficultés — à titre exceptionnel d'abord, puis à titre permanent. L'administration fiscale s'organisa progressivement, et bientôt reparut cette idée que le fisc doit en matière d'impôt, jouir de garanties exceptionnelles. Le premier essai d'impôt général fut la fameuse dîme levée par Philippe-Auguste pour combattre le sultan Saladin (et connue sous le nom de *dîme saladine*), au début du XIIIe siècle. Moins d'un siècle et demi après (avant même que le roi n'ait acquis le droit d'imposer ses sujets d'autorité), nous trouvons le premier texte qui consacre un privilège en faveur du fisc. (Ordonnance de Philippe VI de Valois du 8 décembre 1335) (1). Quelques années plus tard, le principe du cautionnement imposé en faveur du Trésor aux agents ayant le maniement des derniers publics fait à son tour son apparition (2).

Mais ce n'est qu'au XVIIe siècle que les privilèges du Trésor furent sérieusement organisés, et c'est à

---

(1) « Nous déclarons, en ces termes, par la teneur de ces présentes lettres, que noz dictes debtes, lesquelles sont et doibvent estre nommées fiscales, doibvent estre et soient mises à exécution et payées à Nous ou à noz gens à ce députez, *avant toutes autres debtes deües*... à quelconques personnes que ce soit ». (Laurière : *Ordonnances des rois de France*. t. II, p. 95. — Isambert : *Recueil des anciennes lois*, t. IV, p. 417).

(2) Le principe du cautionnement a été posé dans des lettres patentes de Philippe VI (9 décembre 1335), et développé dans l'édit du 13 mars 1347. « Mandement aux gens de comptes, portant que les receveurs *s'applègeront* pour une année de leur recepte, et feront serment sur Evangiles, qu'ils ne prendront robes, ni gages de personne » (De Laurière. *Ordonnances des rois de la troisième race*, t. II, p. 283).

partir de cette époque jusqu'à la fin de l'ancien régime que l'on trouve le plus d'ordonnances, d'édits et d'arrêtés pour les règlementer.

La perception de l'impôt se faisait alors par deux modes différents, simultanément. Les impôts directs : taille, capitation, etc... étaient perçus en *régie* : le système de la ferme était au contraire appliqué à tous les impôts indirects : aides, gabelle, traites, etc... Ce dernier groupe, le plus important, a le premier attiré l'attention du législateur.

Dès le milieu du XVIe siècle, les interprètes du droit romain, en pleine renaissance alors, (Cujas notamment) se mirent à enseigner que le Trésor royal avait une hypothèque sur les biens de tous ses débiteurs, comptables ou autres. Cette théorie se généralisa peu à peu et la célèbre ordonnance du 13 août 1669, rédigée par Colbert, la fit passer dans le domaine des réalités (1).

Cette ordonnance déclarait que le roi possède un privilège général sur les meubles et les immeubles de tous les comptables, fermiers généraux, particuliers et autres ayant le maniement des deniers royaux. Le privilège royal sur les meubles était primé : 1° par celui du vendeur non payé sur l'objet vendu ; 2° par celui du bailleur d'immeubles sur les meubles garnissant la maison louée pour six mois de loyer ; 3° par celui des frais de justice et des frais funéraires.

Quant au privilège immobilier, il fallait faire une distinction pour déterminer son étendue :

---

(1) V° Isambert, *Anciennes lois françaises*, t. XVIII p. 329. — Guyot, *Répertoire*, V° *Privilège*. — *Dictionnaire raisonné des Domaines*, V° *Préférence*.

1° Sur les immeubles acquis par le comptable avant son entrée en fonctions, le roi avait une simple hypothèque tacite, et devait être colloqué à son rang parmi les autres créanciers hypothécaires. C'était une application de l'ancienne loi romaine.

2° Sur les immeubles acquis par le comptable postérieurement à son entrée en fonction, le roi jouissait d'un privilège *(stricto sensu)* lui permettant de primer tous les créanciers hypothécaires. Toutefois il était primé lui-même par deux créanciers privilégiés plus favorisés : le vendeur impayé de l'immeuble, et le bailleur de fonds dont les deniers avaient servi à acquérir l'immeuble.

3° Sur l'immeuble comptable, c'est-à-dire sur la charge d'officier comptable dont le titulaire avait la propriété, le roi jouissait d'un privilège s'exerçant avant tout autre et destiné à garantir tous les débets qui pouvaient résulter de la gestion du comptable. L'effet de ce privilège était de constituer un véritable gage aux mains du roi, un cautionnement sur l'office.

Enfin, par surcroît de précaution, et pour éviter toute possibilité de fraude, les femmes des comptables étaient présumées personnes interposées agissant pour le compte de leur mari dans les acquisitions mobilières ou immobilières qu'elles pouvaient faire. En conséquence le privilège royal leur était opposable pour tous les biens meubles trouvés dans la maison du mari, et pour tous les immeubles par elles acquis depuis leur séparation de biens.

Telle était l'économie de cette grande ordonnance qui règlementa exclusivement les privilèges fiscaux sur les biens des fermiers et comptables jusqu'à la Révolution, et dont les principales dispositions ont passé dans notre législation contemporaine. Il faut citer immédiatement après elle une ordonnance du mois de juillet 1681 qui la complète, lui fait en quelque sorte pendant, et achève d'organiser le système des privilèges fiscaux pour le recouvrement des impôts affermés. L'ordonnance de 1669 donne privilège au roi sur les biens des fermiers, celle de 1681 donne privilège aux fermiers sur les biens de leurs préposés et sur ceux des contribuables.

L'ordonnance de 1681 contient deux dispositions distinctes. D'une part elle confère aux fermiers contre leurs sous-fermiers, aux fermiers et sous-fermiers contre leurs commis, « les mêmes privilèges, hypothèques, droits de contraindre et de poursuivre », que ceux du roi contre ses fermiers (1). D'autre part elle crée en faveur des fermiers et sous-fermiers, un privilège général mobilier sur les biens des contribuables, s'exerçant *avant tout autre*, destiné à assurer le recouvrement des impôts (2).

A côté de ce système général de garanties portant sur les impôts affermés existaient une série d'autres privilèges, généralement mobiliers, assurant la rentrée des impôts perçus en régie, ou même de certains impôts affermés ; dans cette dernière hypothèse, ils se

---

(1) Ordonnance de 1681, art. 4 et 5. — Isambert : *Op. cit.* à sa date. — *Dictionnaire raisonné des domaines*. V° *Préférence*. — Guyot : *Répertoire*, V° *Privilège*.

(2) Art. 6.

superposaient aux privilèges de l'ordonnance de 1681. Nous n'en citerons que quelques-uns :

La *capitation* était payée par « préférence à tous créanciers sur les revenus des termes échus ou à échoir pendant la même année » (1).

La *taille* était garantie par un privilège en faveur du collecteur, sur les meubles du taillable (2).

L'impôt des *vingtièmes*, impôt exceptionnel, était garanti par un privilège général, primant tous les autres privilèges du Trésor (3).

Le *droit de centième denier* d'une succession était garanti par un privilège général mobilier et immobilier, sur les biens successoraux, primant même le douaire de la veuve (4).

Le fermier des droits d'*insinuation laïque* avait privilège et préférence tant sur le fonds que sur les fruits des immeubles sujets aux droits. Ce privilège primait même celui du vendeur d'immeuble impayé, et celui du prêteur des deniers ayant servi à l'acquisition (5).

Le fermier des droits d'*amortissement, franc fief* et *nouvel acquêt* était payé par préférence à tout autre, etc... (6).

---

(1) Déclaration du 7 décembre 1706.— Isambert, *Op. cit.* à sa date.— Guyot : *Capitation*.

(2) Décl. août 1665. — Denizard : *Collection de décisions relat. à la jurisp.* V° *Taille* n°ˢ 47 et 48. — Guyot : *Taille*.

(3) Edit. mai 1749. — Guyot : *Vingtièmes*.

(4) Arrêt du Conseil, 10 juin 1747. — *Dictionnaire raisonné des Domaines*. V° *Préférence*.

(5) Arrêt du Conseil 21 mai 1709. — *Loc. cit.*

(6) Arrêt du Conseil 14 août 1714. — *Loc. cit.*

On sait que le droit *d'amortissement* était un droit fixe payé par les biens de mainmorte, celui de *nouvel acquêt* une variété d'amortissement payée par les communautés ecclésiastiques, et celui de *franc fief* un droit payé par les roturiers qui possédaient des biens nobles

Il existait donc à la fin de l'ancien régime un système très complet de sûretés réelles, privilèges et hypothèques, qui garantissaient les créances du Trésor tant à l'égard des fermiers qu'à l'égard des contribuables, sans avoir les inconvénients du système romain. Tandis qu'à Rome les créances du fisc étaient garanties surtout par des hypothèques générales grevant tous les biens des débiteurs et constituant une sorte de main mise générale de l'Etat sur la propriété particulière *(fiscus semper habet jus pignoris)*, l'ancien droit français employait de préférence le système du privilège mobilier, beaucoup moins gênant pour le débiteur et suffisamment efficace quand le privilège a un rang de faveur.

Les avantages que présentait cette partie de notre organisation financière lui valurent de survivre presque intégralement à la Révolution alors que disparaissaient les impôts et l'administration de l'ancien régime.

4. — La Révolution abolit tous les impôts de l'ancien régime et créa un système nouveau d'impositions qui ressemblait d'ailleurs par beaucoup de points à l'ancien, car il est difficile et dangereux d'innover en matière financière. Elle transforma radicalement l'administration fiscale en supprimant la ferme générale et en décrétant que tous les impôts seraient perçus directement par l'Etat, en régie.

On compte aujourd'hui quatre Régies financières auxquelles sont confiées le recouvrement des impôts, et qui ressortissent du Ministère des finances. Ce sont :

la Régie des Contributions directes, la Régie des Contributions indirectes, la Régie des douanes et la Régie de l'Enregistrement, des Domaines et du Timbre. Chacune de ces Régies a à sa tête une *direction générale*, dirigeant les *services départementaux* dont l'organisation varie avec chaque régie. Dans ces services départementaux, les impôts sont perçus et centralisés par des fonctionnaires, très variés aussi, connus sous la dénomination générale *d'agents comptables* ; les agents comptables, opèrent au nom et pour le compte de l'Etat mais ils sont pécuniairement responsables de leur gestion.

Le recouvrement des différents impôts est garanti par des *privilèges* et des *hypothèques*, créés par de nombreuses lois du droit intermédiaire.

Les *hypothèques* du Trésor sont au nombre de deux seulement : une hypothèque de l'Etat sur les biens de ses comptables, et une hypothèque de la régie des douanes sur les biens des redevables. (1) L'hypothèque générale du droit romain a définitivement disparu. Il en est de même de l'hypothèque légale qui était attachée dans l'ancien droit à tous les contrats passés avec l'Etat. — Nous ne mentionnons d'ailleurs ces deux hypothèques que pour mémoire, car nous traiterons exclusive-

---

(1) Ces deux hypothèques sont des hypothèques légales. Le Trésor peut avoir, en sus, des hypothèques judiciaires ou conventionnelles sur les biens de ses débiteurs, comme un simple particulier, mais nous retombons alors sous l'empire du droit commun.

L'existence de l'hypothèque légale au profit de l'administration des Douanes a d'ailleurs été contestée. — Cf. Valette : *Rev. du dr. fr. et étr.* 1847, IV, p. 841. — *Contra* : Aubry et Rau T. III § 264 *quater*, note 10, p. 250.

ment dans la présente étude des *privilèges* du Trésor.

Ces privilèges, assez nombreux, garantissent la rentrée des impôts soit directement en frappant les biens des contribuables, soit indirectement en frappant les biens des comptables. Comme nous le verrons postérieurement, le législateur n'a guère fait autre chose que reprendre les privilèges de l'ancien droit pour les adapter à la nouvelle organisation financière qu'il avait créée. En particulier, les dispositions de l'ordonnance de 1669 concernant les fermiers généraux ont été reproduites par les lois qui règlent le privilège du Trésor sur les biens des comptables.

5. — Avant d'entrer dans l'étude détaillée des privilèges du Trésor, nous devons consacrer quelques développements à une question d'ordre général qui s'impose à notre attention. Une institution juridique ne doit pas être examinée seulement dans ses détails d'application, mais encore dans son principe, non seulement en pratique mais en théorie, Il convient donc de nous demander pourquoi le Trésor public est un créancier privilégié et a le droit d'être payé par préférence aux autres créanciers de son débiteur. Comment cette faveur peut-elle théoriquement se justifier?

La question ainsi posée se dédouble :

I. — La faveur attachée aux créances du Trésor public est-elle véritablement un *privilège*, au sens que le droit civil donne à ce mot, ou bien a-t-elle une autre cause?

II. — Si la cause de cette faveur est véritablement

un privilège, sur quelle idée, sur quelle base juridique ce privilège repose-t-il?

I. — *Nature juridique des droits privilégiés accordés au Trésor.* — La première question paraît absolument oiseuse lorsqu'on se borne à lire les textes qui régissent la matière. Partout il est parlé du *privilège* du Trésor, mais jamais d'un autre droit (1).

Il semble que la question ne se pose pas.

Elle se pose cependant, parce qu'elle est liée intimément à une théorie de droit public supérieure à toutes les contingences de la législation positive : la théorie des droits de l'État sur la propriété des particuliers. Suivant qu'on accordera ou non à l'État un droit de domaine éminent, de copropriété, etc. .... sur la propriété individuelle, on sera amené à considérer l'impôt comme une simple créance ou comme une reprise, un *prélèvement* opéré par l'État sur une partie des biens qui lui appartiennent et dont il a bien voulu déléguer la jouissance à certains individus. La faveur dont il jouit pour recouvrer l'impôt sera expliquée dans la première hypothèse par un privilège proprement dit attaché à la créance par *la loi*, dans la seconde par la

---

(1) « Le privilège à raison des droits du Trésor royal et l'ordre dans lequel il s'exerce, sont réglés par les lois qui les concernent... » (Art. 2098. C. civ.). « La régie aura privilège et préférence à tous créanciers... » (Loi 6-22 août 1791, titre XIII, art. 22). « Le privilège du Trésor public pour le recouvrement des contributions directes est réglé ainsi qu'il suit... » (Loi 12 novembre 1808, art. 1). « En conséquence de l'art. 2098 du Code civil, le privilège du Trésor public est réglé de la manière suivante en ce qui concerne le remboursement des frais dont la condamnation est prononcée à son profit, en matière criminelle, correctionnelle et de police... » (Loi 5 sept. 1807, art. 1), etc...

nature même du droit. Ce sera un prélèvement exercé sous forme de privilège, mais ayant une origine supérieure à la loi.

La théorie du droit de prélèvement était celle sur laquelle reposaient, en droit romain, les différentes garanties dont jouissait le fisc. A Rome, le premier impôt créé fut la *scriptura* ou redevance payée par les citoyens auxquels l'État concédait la jouissance de l'*ager publicus*. De là cette idée que l'impôt foncier était une redevance payée au propriétaire du sol comme prix de la jouissance dont il avait bien voulu se dessaisir. Dans l'impôt les Romains voyaient la conséquence et le signe d'un droit supérieur retenu par l'État (1).

Dans le droit féodal et l'ancien droit français nous n'avons pas à rappeler qu'elle était la portée du droit de « domaine éminent » et du principe « *omnia sunt regis* », que tout le monde connaît.

Dans notre droit moderne, cette idée semblait entièrement disparue, lorsqu'elle fut ressuscitée au milieu du XIXe siècle par la jurisprudence, et nettement formulée dans ses conséquences relatives aux privilèges fiscaux.

Il s'agissait en l'espèce du privilège garantissant les droits de mutation par décès. Ce privilège — nous le verrons plus loin — n'a été pendant longtemps mentionné nettement par aucun texte. Depuis un demi-

---

(1) Accarias : *Précis de droit romain*, 3e édit., I, n° 208.— Varron : *De lingua latina* V, 55. — Saint-Paul : *Th. doct.* — De Valroger ; *Th. doct.*

siècle la doctrine et la jurisprudence se livraient à de savants travaux d'interprétation pour lui trouver un fondement, lorsque la Cour de Paris eut l'idée d'invoquer en sa faveur la théorie du droit de prélèvement. Étant donné ce système en effet — et c'est là sa grosse conséquence pratique — il n'est plus besoin d'un texte pour que l'État puisse exercer son privilège : la loi constate le droit de l'État, elle ne le crée pas.

Dans une affaire soumise à la Cour de Paris en 1855, l'avocat général, M. de la Beaume, dans des conclusions restées célèbres, posa en principe « que si l'impôt ordinaire est le prélèvement d'une fraction du revenu annuel au profit de l'État, qui, à ce prix, assure au possesseur une jouissance paisible, le droit de mutation est le prélèvement d'une fraction du capital au profit de l'État, qui assure à chacun le droit de disposer des biens *dont l'État a été le propriétaire primitif* et de les transmettre dans l'ordre exprès ou présumé de ses affections ou de ses préférences » et en déduisit « que cette origine évidente du droit de mutation, connue dans tous les temps sous des dénominations diverses, ne permet pas d'admettre que le possesseur puisse, par son fait, créer des charges qui fassent obstacle au prélèvement du droit *qui a été la condition de sa première investiture* ; « Que le privilège attaché à un tel droit par son origine *est de la même nature que celui attribué au vendeur par le droit commun* et aurait été infailliblement garanti par le pacte commissoire exprès ou tacite, si les avantages de la stabilité et de la libre transmission n'avaient dû engager le législateur *à substituer à la reprise de l'héritage lui-*

même des moyens d'action tellement efficaces que l'exercice de ce droit de reprise devenait superflu.» (1)

Sur ces conclusions de M. de la Beaume, la Cour de Paris adopta par deux arrêts rendus le même jour, en date du 13 mars 1855, la théorie du prélèvement (2). Elle la confirma dans un arrêt postérieur le 12 novembre de la même année (3).

C'était ressusciter la théorie féodale que l'Etat est propriétaire de tous les biens des citoyens, et que la taxe payée par eux est précisément le signe de la précarité de leur jouissance. Aussi les trois arrèts de la Cour de Paris soulevèrent-ils une grosse émotion. Ils furent sévèrement jugés par la plupart des jurisconsultes (4), et annulés par la Cour de Cassation par trois arrêts en date du 23 juin 1857, sur les conclusions de M. Laborie (5) (6).

---

(1) Garnier : R. P. n° 348.

(2) S. 55. 2. 161.— D. 55. 2. 299.

(3) S. *id.*

(4) M. de Serrigny, notamment, déclare cette doctrine « abjecte par son excessive servilité » et ajoute « grâce à Dieu, la maxime *omnia sunt regis* a été bien et dûment enterrée par notre première révolution, et il n'est pas besoin de la faire revivre pour admettre le privilège du Trésor Public en matière d'impôts » (*R. crit.* 1856, T. IX pp. 538 et 551.)

(5) S. 57. 1. 401. — D. 57. 1. 233. — Garnier : R. P. n° 857.

Le même jour (23 juin) la Cour suprême rejeta un pourvoi de l'administration contre un arrêt de la Cour d'Amiens rendu en sens inverse le 18 nov 1854.

(6) Il ne faut pas d'ailleurs attribuer à M. de la Beaume seul le mérite d'avoir imaginé cette théorie. Elle se trouve déjà indiquée dans une décision motivée du ministre des finances en date du 23 nivôse an XII, dans laquelle il était dit en parlant des droits de mutation par décès : « La Nation ne réclame pas comme créancière, mais plutôt comme *portionnaire d'une partie de la succession.* C'est un *prélèvement* que la loi lui adjuge dans cette circonstance.» (Vergès : *Des hypothèques et des privilèges du Trésor public*, p. 103)

La théorie du droit de prélèvement devait nécessairement être condamnée, parce qu'elle était en contradiction complète avec les principes de notre droit public, avec la Déclaration des droits de l'homme, avec le Code civil, avec l'œuvre tout entière de la Révolution. Le droit du domaine éminent de l'Etat est bien disparu. Toutefois elle méritait d'être signalée, parce qu'elle a eu des précédents historiques et parce que l'évolution sociale des temps moderne semble avoir une tendance à nous y ramener.

La faveur attachée au recouvrement des créances du Trésor ne peut donc s'expliquer que par un privilège créé par la loi (1), mais il reste à déterminer quel peut être le fondement juridique de ce privilège.

II. — *Fondement juridique des privilèges.* — Les privilèges du Trésor peuvent être divisés au point de vue qui nous occupe, en deux groupes : ceux qui sont destinés à assurer le recouvrement des impôts, et ceux qui garantissent d'autres créances que la créance d'impôt.

Ces derniers doivent être immédiatement mis de côté, car il est impossible de leur trouver un fondement juridique unique. — L'un (le privilège sur le cau-

(1) « Attendu que les biens d'un débiteur sont le gage commun de ses créanciers, qu'aucune cause de préférence, aucun privilège ne peut, par dérogation à ce principe d'égalité, exister qu'en vertu d'une disposition de la loi ;

« Qu'il n'est donc pas permis de chercher ni dans l'origine, ni dans la nature du droit qui se prétend privilégié, une raison de préférence qui ne serait pas écrite dans une loi, etc... » (Arrêt précité, *Cass.*, 23 juin 1857.)

tionnement) n'est qu'une variété du droit de gage institué au profit du Trésor. — Le second (le privilège qui assure le recouvrement des frais de justice criminelle au profit du Trésor), est justifié par une nécessité pratique : le Trésor ayant été obligé, par la faute du délinquant, à avancer les frais de justice, il n'est que juste qu'il jouisse d'une garantie spéciale pour les recouvrer. Mais on ne saurait dire à quelle théorie juridique on doit le rattacher. On ne peut sérieusement invoquer comme raison le service que l'Etat rend à tous les citoyens en général et à tous les créanciers du condamné en particulier en assurant le respect des lois ; ce n'est point un service proprement dit rendu aux autres créanciers, puisque leur droit eut été identiquement le même sans la condamnation du coupable. — Quant au troisième (le privilège sur les biens des comptables), il faut convenir franchement qu'on ne peut lui trouver aucune base acceptable. Le fisc présume que les biens meubles ou immeubles achetés par le comptable postérieurement à sa nomination ont été payés au moyen des deniers volés à l'Etat : c'est au comptable à faire la preuve contraire. Mais ce n'est point là une raison suffisante pour justifier un privilège sur les biens en question ; aucune disposition semblable n'existe dans le droit commun. — On pourrait dire, il est vrai, que ces biens sont subrogés réellement aux deniers qui ont servi à les acquérir, qu'ils représentent identiquement ces deniers. Mais l'Etat jouissait sur ces deniers d'un droit de propriété et non d'un privilège, faut-il donc le déclarer propriétaire des biens acquis par le comptable ? — Nous croyons qu'il vaut mieux considérer ce privilège comme une sûreté conférée à l'Etat à raison de l'intérêt qui s'attache à sa créance, mais qui ne repose sur aucun des fondements juridiques que le droit commun donne aux privilèges.

Il est encore plus délicat d'assigner une base juridique aux privilèges du premier groupe, ceux qui assurent le recouvrement des impôts, car une question préjudicielle vient compliquer le problème : savoir quelle est la nature, le caractère juridique de l'impôt. Sur cette question les économistes se divisent. — Pour les uns l'impôt est le paiement des services que l'Etat rend aux citoyens. — Pour les autres, c'est une prime d'assurance versée par chaque citoyen pour obtenir la sécurité de sa personne et de ses biens. — Suivant une troisième opinion, l'impôt représente les frais d'exploitation par l'Etat du capital national. — Enfin, certains auteurs considèrent simplement l'impôt comme la part contributive de chaque citoyen aux dépenses communes, part dont la perception est légitime puisque ces dépenses sont nécessaires.

De ces diverses théories il n'y a guère que celle de l'impôt-service qui permette de faire rentrer les privilèges du Trésor dans une des catégories fixées par le Code civil. L'idée sur laquelle reposent ces privilèges serait alors l'idée des frais faits pour conserver la chose du débiteur, l'idée du service rendu non seulement à la masse des créanciers, mais encore à l'ensemble des citoyens, l'idée d'utilité sociale.

La loi en effet confère un privilège à tout créancier qui a fait des frais pour conserver la chose du débiteur (art. 2102, 3° C. civ.), parce qu'en sauvant le gage commun, il a empêché le droit des autres créanciers de périr, qu'il a rendu un service à la masse. C'est l'application d'un principe d'équité évident en lui-même. Une idée analogue motive le privilège des frais de justice (201, 1° C. civ.). Ici encore il s'agit d'un acte d'utilité générale fait pour réaliser le gage commun des créanciers. Mais cet acte, au lieu d'émaner d'un simple particulier émane d'un service public constitué à cet effet, ayant pour mission précisément de protéger les droits individuels. Le service rendu est d'ordre plus général que le précédent, aussi le privilège passe-t-il en meilleur rang. *A fortiori* l'Etat ne devra-t-il pas être privilégié et jouir d'un rang de faveur pour recouvrer les créances d'impôts puisqu'il rend un service à la société toute entière en recouvrant ses créances ? C'est l'impôt qui permet de créer et d'entretenir une marine, une armée, une justice, une police, une administration, qui permet de construire des chemins de fer, des routes, des canaux, des écoles, d'exécuter de grands travaux d'utilité publique. C'est grâce à l'impôt que chaque individu peut exercer librement son activité et jouir en paix du produit de son travail.

Le système n'a qu'un défaut : c'est de supposer vraie la théorie de l'impôt-service qui est très discutée. Pour ne rappeler qu'une des objections dirigées contre elle, nous dirons que l'Etat n'emploie pas toujours le montant des impôts à rendre des services à la nation ; il peut utiliser cet argent pour entreprendre une guerre inutile et ruineuse, ou en faire tout autre usage franchement nuisible à la société.

En réalité existe-t-il un fondement juridique unique des privilèges que nous étudions ? Cela est douteux. L'Etat perçoit l'impôt parce que l'impôt est nécessaire, et il cherche à en assurer le recouvrement par tous les moyens possibles, voilà selon nous la seule raison justificative des privilèges du Trésor. Il existe une lutte perpétuelle entre le fisc et le contribuable ; celui-ci essaye de ruser pour éviter de payer sa dette, celui-là redouble de précautions et de garanties pour recouvrer intégralement ce qui lui est dû. Il n'y a d'ailleurs qu'à jeter les yeux sur la jurisprudence fiscale pour constater que l'Etat étend toujours ses prérogatives autant qu'il le peut sans aucun souci des principes du droit et en s'inspirant uniquement des nécessités de fait. La doctrine proteste d'abord, puis finit par se laisser entraîner à son tour. C'est grâce à ce mouvement d'évolution qu'a pu se créer le *droit fiscal* formation parallèle au droit civil, mais qui donne fréquemment des solutions tout autres que lui sur les mêmes questions. Les privilèges du Trésor sont justifiés en fait et non en droit, et il vaut mieux les considérer comme une dérogation au système des privilèges du droit civil que de s'efforcer vainement de les y faire rentrer.

6. — Le Code civil, dans la section où il traite des privilèges, se borne à un simple renvoi à des textes spéciaux en ce qui concerne les privilèges du Trésor. « Le privilège à raison des droits du Trésor royal et l'ordre dans lequel il s'exerce, dit l'article 2098, sont réglés par les lois qui les concernent. Le Trésor royal ne peut cependant obtenir de privilèges au préjudice des droits antérieurement acquis à des tiers. »

Les lois fiscales sont choses trop variables, trop contingentes, trop dépendantes des nécessités budgétaires et de l'organisation administrative pour pouvoir être fondues dans une œuvre synthétique comme l'est le Code civil, œuvre sinon immuable, du moins destinée à une durée considérable. La disposition de l'art. 2098 s'explique donc d'elle-même. Mais elle n'en présente pas moins des inconvénients. Les lois fiscales réglementant la matière risquent souvent de se trouver en contradiction avec les principes du Code civil. Nous verrons, lorsque nous traiterons du rang des privilèges du Trésor, plusieurs exemples de conflits de ce genre. Le Code civil pose les principes généraux et ne s'inquiète pas de la réglementation spéciale. Les lois fiscales développent longuement cette réglementation, mais ne s'inquiètent pas des principes généraux. C'est donc au jurisconsulte qu'il appartient de compléter l'une par l'autre ces deux sources législatives, de les harmoniser et d'étudier les lois fiscales à la lumière des principes généraux de notre droit en matière de privilèges.

Cette méthode est celle que nous suivrons dans le cours de cette étude.

La division de notre ouvrage nous est tracée par la division naturelle du sujet :

Dans une première partie nous aurons à étudier

quels sont les privilèges du Trésor, leur caractère juridique, les conditions de leur exercice.

Dans une seconde partie, nous étudierons leurs effets.

PREMIÈRE PARTIE

Des Privilèges du Trésor public

CHAPITRE PREMIER

Des différents privilèges du Trésor public.

1. Classification des privilèges du Trésor.

Section I. — Privilèges sur les Meubles et les Immeubles.

2. Privilège des frais de justice criminelle.
3. Privilège sur les biens des comptables.

Section II. — Privilèges généraux sur les Meubles.

4. Privilège des Contributions directes autres que la contribution foncière.
5. Privilège du Timbre.
6. Privilège des Douanes.
7. Privilège des Contributions indirectes.

Section III. — Privilèges spéciaux sur certains Meubles.

8. Privilège de la contribution foncière.
9. Privilège sur le cautionnement fourni par les comptables et privilège sur le cautionnement fourni par l'inculpé mis en liberté provisoire.
10. Privilège des droits de mutation par décès.

1. — Les privilèges du Trésor public peuvent être classés de plusieurs manières différentes, selon le point de vue auquel on se place pour les étudier. La division la plus généralement adoptée par les auteurs est bipartite, et correspond à la division naturelle des débiteurs du Trésor en deux groupes : redevables et comptables. On étudie isolément les privilêges sur les comptables et les privilèges sur les redevables.

Les privilèges sur les redevables ainsi que leur nom l'indique, sont destinés à garantir la rentrée des impôts, en affectant par privilège au Trésor les biens du contribuable qui refuse d'acquitter sa dette. Tous les impôts : Contributions directes, Contributions indirectes, Douanes, Timbre, Enregistrement (ce dernier pour partie) sont garantis par les privilèges sur les redevables. Aux impôts proprement dits, il faut encore ajouter les créances qui peuvent naître au profit du Trésor, à l'encontre des particuliers, lorsque l'Etat a été obligé, du fait de ces derniers, de faire une dépense d'intérêt général. Dans cette catégorie, rentrent les frais de justice criminelle, correctionnelle et de police. Le Trésor a été obligé, par le fait même du délinquant, d'avancer des fonds pour le faire poursuivre et juger, c'est-à-dire pour faire un acte d'utilité sociale. Il n'est donc que juste qu'il puisse recouvrer ses avances sur les biens du condamné, et que cette créance soit privilégiée.

Les privilèges sur les biens des agents comptables des deniers publics, sont également destinés à assurer la rentrée des impôts, mais indirectement. Ils ont pour effet d'empêcher que ces agents comptables ne puissent commettre de malversations, dilapider les deniers publics et fruster le Trésor des sommes qu'ils ont perçues en son nom et pour son compte. La rigueur des précautions prises par le fisc est ici proportionnée à l'étendue du danger qu'il s'agit de conjurer. Les comptables de deniers publics sont tenus de verser au Trésor, en entrant en charge, un cautionnement dont l'étendue varie avec l'importance du maniement de fonds qui doit leur être confié. Le Trésor jouit sur ce cautionnement des droits d'un créancier gagiste et, par conséquent, d'un privilège. Mais, pour surcroît de garantie, un autre privilège va frapper encore tous les biens meubles et immeubles du comptable, acquis en son nom ou même acquis au nom de sa femme.

Cette division, commode pour une étude analytique et successive des différents privilèges du Trésor, ne vaut rien pour une étude synthétique, parce qu'elle ne groupe point les privilèges suivant leurs caractères juridiques.

Une seconde méthode consiste à adopter purement et simplement la division du Code civil, qui a l'avantage d'être très synthétique, et de grouper les différents privilèges en quelque sorte par familles naturelles, d'après leurs caractères communs. Mais ici se présente une légère difficulté parce que les privilèges du Trésor ne rentrent pas tous exactement dans les catégories prévues par le droit civil.

Le Code distingue, en effet, trois catégories de privilèges :

1° Les privilèges *généraux* (art. 2101 et 2104). Ils grèvent tous les biens meubles du débiteur, et, en cas d'insuffisance du mobilier, ils grèvent tous ses immeubles *de plein droit*.

2° Les privilèges *spéciaux mobiliers*, énumérés en

partie dans l'art. 2102. Ils frappent certains meubles déterminés du débiteur et ne portent jamais sur les immeubles.

3° Les privilèges *spéciaux immobiliers* (art. 2103). Ils grèvent certains immmeubles déterminés, sous condition d'avoir été *inscrits*, et ne portent jamais sur les meubles.

Or, de ces trois catégories, il n'en est qu'une, la seconde, dans laquelle on puisse faire rentrer certains privilèges du Trésor. En d'autres termes, le Trésor public jouit de divers privilèges mobiliers analogues à ceux de l'art. 2102 C. civ., mais il ne possède ni privilèges généraux analogues à ceux de 2101 C. civ. ni de privilèges spéciaux immobiliers. En revanche, il existe en faveur du fisc trois types de privilèges inconnus au Code civil et qui sont les suivants :

1° Des privilèges généraux sur les meubles et les immeubles, différant de ceux de l'art. 2101 C. civ. en ce qu'ils ne grèvent jamais les immeubles *de plein droit*, mais seulement une fois qu'ils ont été *inscrits*.

2° Des privilèges généraux sur les meubles et spéciaux sur les immeubles, soumis également à la formalité de l'inscription pour pouvoir atteindre les immeubles.

3° Des privilèges généraux sur les meubles n'atteignant pas les immeubles.

La classification rationnelle des privilèges du Trésor, d'après ce que nous venons d'exposer, serait donc la suivante :

1° Privilèges sur les meubles et les immeubles ;

2° Privilèges généraux sur les meubles ;

3° Privilèges spéciaux sur les meubles.

C'est de cette classification que nous allons nous servir pour passer rapidement en revue les différents privilèges du Trésor.

SECTION I

Privilèges sur les meubles et les immeubles.

Le premier groupe des privilèges du Trésor ne compte que deux privilèges. L'un porte sur la généralité des meubles et des immeubles du débiteur : c'est le privilège des frais de justice criminelle. L'autre est général sur les meubles et spécial sur les immeubles ; c'est le privilège sur les biens des comptables.

2. — *Privilège du Trésor public pour le recouvrement des frais de justice, en matière criminelle, correctionnelle et de justice.* — Ce privilège a été institué par la loi du 5 septembre 1807 qui est venue combler une véritable lacune de notre droit fiscal (1).

(1) *Loi du 5 septembre 1807 :*

ART. 1. — En conséquence de l'article 2098 du Code civil, le privilège du Trésor public est réglé de la manière suivante, en ce qui concerne le remboursement des frais dont la condamnation est prononcée à son profit, en matière criminelle, correctionnelle et de police.

ART. 2. — Le privilège du Trésor public sur les meubles et effets mobiliers des condamnés ne s'exerce qu'après les autres privilèges et droits ci-après mentionnés, savoir :

« 1° Les privilèges désignés aux articles 2101 et 2102 du Code civil ;

« 2° Les sommes dues pour la défense personnelle du condamné, lesquelles, en cas de contestations avec l'Administration des

Sous l'ancien régime les frais des procès criminels étaient à la charge du roi ou des seigneurs justiciers, toutes les fois qu'il n'y avait pas de partie civile. S'il y en avait une, c'était elle qui avançait tous les frais (1). Les coupables n'étaient jamais condamnés

---

domaines, seront réglées, d'après la nature de l'affaire, par le Tribunal qui aura prononcé la condamnation ».

Art. 3. — Le privilège du Trésor public sur les biens immeubles des condamnés n'aura lieu qu'à la charge de l'inscription dans les deux mois, à dater du jour du jugement de condamnation ; passé lequel délai, les droits du Trésor public ne pourront s'exercer qu'en conformité de l'article 2113 du Code civil.

Art. 4. — Le privilège mentionné dans l'article 3 ci-dessus ne s'exercera qu'après les autres privilèges et droits suivants :

« 1° Les privilèges désignés en l'article 2101 du Code civil, dans le cas prévu par l'article 2105 ;

« 2° Les privilèges désignés en l'article 2103 du Code civil pourvu que les conditions prescrites pour leur conservation aient été accomplies ;

« 3° Les hypothèques légales existantes indépendamment de l'inscription, pourvu toutefois qu'elles soient antérieures au mandat d'arrêt, dans le cas où il en aurait été décerné contre le condamné, et, dans les autres cas, au jugement de condamnation ;

« 4° Les autres hypothèques, pourvu que les créances aient été inscrites au Bureau des hypothèques avant le privilège du Trésor public, et qu'elles résultent d'actes qui aient une date certaine, antérieure auxdits mandats d'arrêt ou jugement de condamnation ;

« 5° Les sommes dûes pour la défense personnelle du condamné, sauf le règlement, ainsi qu'il est dit en l'article 2 ci-dessus ».

Art. 5. — Toutes dispositions contraires à la présente loi sont abrogées.

(1) « Dans les causes ou procès qui s'instruisent à la requête du Ministère public, sans qu'il y ait eu une partie civile, c'est au roi ou aux engagistes du domaine, et, dans les justices seigneuriales, aux seigneurs haut-justiciers à payer tous les frais nécessaires à cet effet. C'est ce qui résulte de l'article 17 de l'ordonnance du mois d'août 1670.

« Mais lorsqu'il y a une partie civile, les juges peuvent, suivant l'article 16 du même titre, décerner exécutoire contre elle pour les frais nécessaires à l'instruction du procès et à l'exécution du jugement, sans toutefois qu'ils puissent y comprendre leurs épices, droits et vacations, ni les droits et salaires des greffiers ». (Guyot : *Répertoire*, v° *Frais*). — Cf. *Dictionnaire raisonné des domaines*, v° *Exécutoire*.

aux dépens (excepté dans le ressort des Parlements de Douai et de Nancy), en vertu de la maxime « *fiscus semper gratis laborat* ». Il ne faudrait pas croire cependant que le fisc consentît à perdre ses droits, ainsi que cette maxime paraît le donner à entendre ; il recouvrait simplement les frais qu'il avait avancés par un procédé indirect. Au lieu de condamner le criminel aux dépens, on lui infligeait une amende dont le chiffre était arbitraire, et dont le recouvrement se trouvait garanti par un privilège sur les meubles, et une hypothèque sur les immeubles du condamné. Plusieurs déclarations du roi fixèrent en ce sens la législation et demeurèrent en vigueur jusqu'à la Révolution, notamment celles des 21 et 24 mars 1671 ; 13 juillet 1700 et 16 août 1707 (1).

Mais en 1791, le Code pénal et les lois postérieures ayant supprimé presque entièrement les amendes, le Trésor public se trouva dépouillé de toute garantie pour recouvrer ses avances, et obligé de supporter définitivement les frais de justice criminelle. C'était une lacune de notre législation, car il n'est rien de plus légitime que d'obliger l'auteur d'un délit à réparer de ses deniers le préjudice qu'il a causé à la société en la mettant dans la nécessité de faire des dépenses

---

(1) D'anciens arrêts faisaient remonter l'hypothèque garantissant l'amende au jour du crime. Ces dispositions ont été abrogées par une déclaration du 13 juillet 1700 d'après laquelle le roi n'a hypothèque sur les biens des condamnés que du jour du jugement de condamnation. Cette hypothèque garantissait seulement l'amende, à l'exclusion des dommages-intérêts et des réparations civiles. (Guyot : V° *Hypothèque*).

pour poursuivre sa condamnation (1). La loi du 18 germinal an VII vint combler cette lacune, en disposant dans son article 1 : « Tout jugement d'un tribunal criminel, correctionnel ou de police portant condamnation à une peine quelconque, prononcera en même temps au profit de la République le remboursement des frais auxquels la poursuite et la punition des crimes et délits aura donné lieu ».

Le Code civil ne fit que poser le principe général d'un privilège accordé au Trésor pour le recouvrement de ses diverses créances, sans entrer dans les détails d'application que devaient traiter des lois spéciales. En matière de frais de poursuites criminelles, correctionnelle ou de police, cette réglementation spéciale fut commencée par la loi du 5 pluviôse an XIII, qui met les frais de poursuite à la charge de la partie civile — quand elle existe — et donne au Trésor un droit de préférence à l'encontre de la partie civile. Elle fut complétée et achevée par la loi du 5 septembre 1807, frappant d'un privilège général tous les biens des condamnés.

Pour que le privilège prenne naissance, il faut et il suffit qu'une poursuite judiciaire, suivie d'une condamnation aux frais, ait eu lieu contre l'individu présumé coupable. Dès l'instant que le Trésor a été obligé de faire les débours de frais de justice, et possède une créance contre le justiciable, il a un privilège pour garantir cette créance. En vertu de la même idée, ce privilège garantit les frais de toute nature avancés par

---

(1) Merlin : *Répertoire*, v° *Frais des procès criminels.*

le Trésor, y compris ceux d'extradition, mais ne peut être invoqué pour le recouvrement de l'amende, ou le paiement des réparations accordées à la partie civile (1).

Le privilège du Trésor pour frais de justice criminelle est incontestablement un privilège général, grevant tous les meubles et tous les immeubles du condamné. Mais il se différencie des privilèges de l'article 2101 du Code civil, ainsi que nous l'avons fait remarquer plus haut, en ce qu'il ne frappe jamais les immeubles de plein droit, lorsqu'il n'a pas été inscrit.

Une controverse assez vive s'est élevée sur le point de savoir comment s'exerçait ce privilège : s'il frappait les meubles et les immeubles simultanément, ou si, au contraire, il ne grevait les immeubles que lorsque le mobilier était insuffisant pour permettre au Trésor de recouvrer sa créance. Nous retrouverons cette discussion lorsque nous étudierons les conditions d'exercice des privilèges du Trésor (2).

3. — *Privilège sur les biens des comptables.* — L'origine historique de ce privilège se trouve, ainsi que nous avons précédemment indiqué, dans l'ordon-

---

(1) Metz, 28 février 1856, *Metzger* (S. 56, 2, 321 ; P., 56, 2, 241 ; D., 57, 2, 49). — Cf. Guillouard, II, p. 600. — Aubry et Rau, III, § 263 *bis*.

(2) *Infra :* Ch. II, § 4. — Une question connexe à notre matière, soulevée par la loi de 1807, et que nous nous bornons à signaler en passant, est de savoir si l'article 2 § 2° de la loi a créé un privilège en faveur du défenseur du condamné. Aucun texte ne parle d'un semblable privilège, et cependant pour que la créance du défenseur puisse primer la créance privilégiée du Trésor, il faut qu'elle soit elle-même privilégiée. On admet généralement que ce texte crée implicitement un privilège en faveur du défenseur de l'accusé.

En ce sens : T. com. Mamers, 9 janvier 1891 (S. et P., 93, 2, 86). — Cf., Fuzier-Hermann : art. *privilège*, n° 793.

nance de Colbert du 13 août 1669. — Un décret des 12, 14 et 24 novembre 1790 reproduisit en partie cette ordonnance, en instituant un privilège général sur tous les biens meubles et immeubles des « receveurs de district » ainsi qu'une hypothèque sur leurs immeubles.

La loi du 11 brumaire an VII sur le régime hypothécaire vint modifier cette législation. Cette loi mentionne en effet l'hypothèque du Trésor et en règle l'exercice, mais ne dit rien de son privilège. Les interprètes de la loi devaient donc se demander si cette omission n'était pas volontaire, et si le privilège du Trésor n'était pas implicitement supprimé. Bien que le point fût vivement controversé, l'opinion la plus généralement adoptée était que le privilège du Trésor avait été abrogé. La loi du 5 septembre 1807 vint enlever à la discussion tout intérêt, en rétablissant ou au moins en règlementant à nouveau d'une manière fort explicite le privilège discuté (1).

---

(1) Loi 5 septembre 1807 (Ne pas confondre cette loi avec la loi sur les frais de justice criminelle, qui porte la même date) :

ART. 1 — Le privilège et l'hypothèque maintenus par les articles 2098 et 2121 du Code civil au profit du Trésor public sur les biens meubles et immeubles de tous les comptables chargés de la recette et du paiement de ses deniers sont réglés ainsi qu'il suit :

ART. 2. — Le privilège du Trésor public a lieu sur tous les biens meubles des comptables, même à l'égard des femmes séparées de biens, pour les meubles trouvés dans les maisons d'habitation du mari, à moins qu'elles ne justifient légalement que lesdits meubles leur sont échus de leur chef, ou que les deniers employés à l'acquisition leur appartenaient.

Ce privilège ne s'exerce néammoins qu'après les privilèges généraux et particuliers énoncés aux art. 2101 et 2102 du Code civil.

....

ART. 4. — Le privilège du Trésor public a lieu :

1° Sur les immeubles acquis à titre onéreux par les comptables postérieurement à leur nomination.

Le privilège du Trésor créé par la loi du 5 septembre 1807 garantit le recouvrement des débets des comptables envers le Trésor. Il grève tous les biens mobiliers de ces comptables, et subsidiairement, sous condition d'une inscription prise dans les deux mois de l'enregistrement de l'acte translatif de propriété, ceux de leurs biens immobiliers acquis à titre onéreux, postérieurement à leur entrée en fonctions. Il est donc général sur les meubles et spécial sur les immeubles.

A qui ce privilège est-il applicable? En d'autres termes, que faut-il entendre par le mot *comptables*? La loi de 1807 ne répond pas à la question. Elle se borne à dire dans son article 1 que le privilège porte sur les biens de *tous* les comptables, puis, dans son art. 7, énumérant les comptables soumis à la formalité de l'inscription quant à leurs biens immeubles, elle en donne une liste manifestement incomplète, oubliant notamment les *receveurs principaux* de toutes les régies financières, justiciables de la Cour des comptes, et qui évidemment sont comptables au premier chef.

2° Sur ceux acquis au même titre et depuis cette nomination par leurs femmes même séparées de biens

Sont exceptées néanmoins les acquisitions, à titre onéreux, faites par les femmes lorsqu'il sera légalement justifié que les deniers employés à l'acquisition leur appartenaient;

ART. 5. — Le privilège du Trésor public, mentionné en l'art. 4 ci-dessus a lieu conformément aux art. 2106 et 2113 du Code civil, à la charge d'une inscription qui doit être faite dans les deux mois de l'enregistrement de l'acte translatif de propriété.

. . . .

ART. 11. — Toutes dispositions contraires à la présente loi sont abrogées.

Aussi plusieurs systèmes ont-ils été proposés pour déterminer un critérium satisfaisant.

Suivant certains auteurs, il faut s'en tenir au texte de la loi et ne considérer comme comptables que les fonctionnaires énumérés dans l'art. 7. Cette opinion est en contradiction avec l'organisation de notre administration financière. Il existe plus de cinq catégories d'agents comptables, et la loi n'en énumère que cinq : les receveurs généraux de département, les receveurs particuliers d'arrondissement, les payeurs généraux et divisionnaires, les payeurs de département, des ports et des armées. L'omission précitée des receveurs généraux suffit à elle seule à renverser ce système.

Une seconde opinion veut que les fonctionnaires ayant droit au titre de comptables soient exclusivement les agents justiciables de la Cour des comptes (1). Celle-ci est en contradiction formelle avec la loi du 5 septembre 1807, car l'art. 7 fait mention expresse des receveurs particuliers, qui n'ont jamais été justiciables de la Cour des comptes. Elle a d'ailleurs été repoussée par la Cour de Cassation (2).

Un troisième système, qui nous paraît préférable, considère comme comptable tout fonctionnaire qui, opérant des recettes et effectuant des dépenses, a le maniement des deniers du Trésor (3). C'est le sens

---

(1) Troplong : *Privilèges et hyp.* § 410 *bis*.

(2) Cass. 5 mars 1855, *Roman*. D. 55.1.127.

Cf. note sous un arrêt de la Cour de Nancy du 8 mars 1884, dans D. 86.2.9.

(3) Dumesnil et Pallain : *Op. cit.* § 249. — Cf. Dalloz, *Rep.* v° *trésor public* n° 557 et 850.

que l'on donnait à ce mot dans l'ancien droit : étaient comptables tous ceux qui avaient le maniement des deniers du Trésor (1) ; le criterium est suffisamment précis pour permettre de déterminer à une période donnée de la législation, les agents soumis au privilège du Trésor. Nous disons à une époque donnée, parce que les attributions des fonctionnaires sont chose très variable, et qu'aucune liste *ne varietur* des agents comptables ne saurait être dressée. C'est aux règlements et décrets administratifs en vigueur qu'il faut se reporter pour savoir quels sont les agents auxquels s'applique actuellement notre criterium (2).

Les *percepteurs* ont donné lieu à de vives discussions. Indépendamment des arguments déjà rapportés, certains auteurs leur refusaient la qualité de comptables parce qu'ils ne rendent pas directement compte au Trésor, et sont de simples préposés des trésoriers payeurs généraux pour recueillir et transmettre les impôts (3). Cependent les percepteurs ont bien la manutention et la disposition des fonds de l'Etat, puisqu'ils sont chargés d'encaisser les impôts, et de

---

(1) Ferrière : *Dict. de droit*, v° *comptables.*

(2) Faisant application de ce criterium, la jurisprudence a conféré le caractère de comptables aux receveurs de l'Enregistrement, aux gardes généraux des forêts qui ont le maniement des fonds de l'Etat, au préfet d'un département auquel des fonds ont été remis pour un service public, aux membres d'une commission municipale qui pendant la guerre de 1870 ont opéré des recettes et des dépenses pour le compte de la commune. (Dumesnil et Pallain : *Op. Cit.* § 249).

(3) Troplong : *Op. cit.* T. II § 430 *bis.*

Aubry et Rau : *Op. cit.* T. III § 180.

Cour Colmar, 10 juin 1820. D. Rep. v° *Privilège* § 1078.

faire certains payements sur les fonds de leurs recettes. Ils sont d'ailleurs nommés par l'Etat, soumis à l'obligation du cautionnement et tenus de rendre compte de leur gestion aux trésoriers généraux. Leur situation à ces divers points de vue est exactement la même que celle des receveurs particuliers dont la qualité de comptables n'est pas discutée (1).

Le privilège du Trésor, tel que l'a institué la loi de 1807, est basé sur une présomption de fraude et de malversation à l'égard de l'agent comptable. On présume que tous les meubles et immeubles acquis par le comptable depuis son entrée en fonctions ont été acquis des deniers de l'Etat. Le privilège est précisément destiné à garantir la créance du Trésor née de ces détournements éventuels. Cette présomption légale entraîne trois conséquences importantes, qu'il y a lieu de mettre en lumière.

1° Le privilège prenant naissance à raison des actes de gestion du comptable, il semble qu'il devrait disparaître le jour où la gestion prend fin. Il n'en est rien. Le comptable est présumé en faute et ne peut être déchargé du privilège, que lorsque sa responsabilité a été complètement dégagée, lorsque la preuve de l'intégrité de sa gestion a été fournie et est venue détruire la présomption légale, en un mot lorsque ses comptes

---

(1) En ce sens :
Dumesnil et Pallain § 249.
Vergés : *Op. Cit.* p. 180.
Ducos : *Th. doct.* p. 137.
Baudry-Lacanterie et de Loynes, I, § 666.
C. Nancy : 8 mars 1884, *de Combarieu. Journal du Palais*, 1848 p. 334 — D. 86.2.9.

ont été vérifiés, apurés, et que le *quitus* définitif lui a été délivré ;

2° Le privilège est spécial sur les immeubles, et non général. Il ne frappe que les immeubles acquis *à titre onéreux* et *postérieurement à la gestion*, laissant de côté les immeubles acquis à titre gratuit ou achetés antérieurement à l'entrée en charge. La raison de cette distinction serait difficile à saisir si le Trésor cherchait simplement à avoir des sûretés aussi étendues que possible, pour garantir ses créances éventuelles. Elle s'explique d'elle même par la présomption de concussion : sont seuls grevés du privilège les immeubles qui ont pu être acquis des deniers distraits à l'Etat (1) ;

3° Enfin le privilège grève non seulement les biens du comptable, mais encore ceux de sa femme, même séparée de biens. Sans cette précaution, il serait en effet facile pour le comptable, d'employer les sommes qu'il aurait détournées à faire des acquisitions au nom de sa femme, et d'échapper à toutes les poursuites du fisc au moyen d'une séparation de biens (2).

---

(1) On peut citer à titre de curiosité un ancien arrêt décidant, à l'encontre des termes mêmes de la loi, que le privilège du Trésor s'exerce sur *tous* les biens immeubles du comptable, qu'il est par conséquent général sur les meubles et les immeubles comme le privilège des frais de justice. (Rennes, 25 juin 1813, *Trésor Public c. N.*, D. *Rep.* v° *Privilège* § 564). Cette décision isolée n'a pas fait jurisprudence.

(2) Il convient toutefois de signaler une lacune que présente la loi du 5 septembre 1807, sur laquelle nous aurons d'ailleurs l'occasion de revenir (V. II° partie, chap., III § 2). Si le comptable ne peut pas tourner la loi au moyen d'une séparation de biens frauduleuse, il le peut au moyen d'une séparation de corps. La loi ne fait en effet porter le privilège que sur les meubles trouvés dans la maison d'habitation

C'est pourquoi le privilège porte sur tous les meubles trouvés dans la maison du mari ; qu'ils appartiennent à l'un ou à l'autre des deux époux, ils sont présumés avoir été acquis par le mari, et la présomption ne tombe que devant la preuve, dûment fournie par la femme de son droit de propriété sur eux (1). Pour la même raison le privilège grève les immeubles acquis par la femme du comptable, même séparée de biens, postérieurement à l'entrée en charge de son mari et à titre onéreux.

La jurisprudence, comme nous le verrons, a généralisé encore les dispositions de la loi de 1807 et étendu la présomption d'interposition à d'autres personnes que la femme du comptable, notamment à ses enfants.

---

du mari, (c'est-à-dire dans le domicile commun des époux) ; or, la femme séparée de corps a un domicile distinct de celui du mari, et les meubles contenus dans ce domicile ne sont pas grevés par le privilège du Trésor.

(1) Dans quelles formes la femme doit-elle rapporter la preuve de son droit de propriété ?

A ce point de vue un rapprochement très intéressant peut être fait entre les dispositions qui nous occupent et l'art. 1499 du Code civil. Ce texte, visant l'hypothèse du partage d'une communauté d'acquêts, dispose que « si le mobilier existant lors du mariage ou échu depuis, n'a pas été constaté par inventaire ou état en bonne forme, il est réputé acquêt. » L'époux qui prétend avoir apporté le mobilier et veut en opérer la reprise en nature, ne peut donc pas user de tous les moyens de preuve à l'appui de son dire (Il en est au moins ainsi lorsqu'il y a des tiers en cause, car la jurisprudence admet que, dans les rapports des époux entre eux, tous les moyens de preuve sont admissibles).

Il nous semble que par analogie, on doit exiger de la femme qui prétend soustraire au privilège du Trésor un objet mobilier trouvé dans la maison du mari, qu'elle prouve sa propriété au moyen d'un inventaire ou d'un état en bonne forme, à l'exclusion des autres modes de preuves.

Section II

Privilèges généraux sur les meubles.

Les privilèges généraux mobiliers du Trésor public qui constituent notre second groupe diffèrent essentiellement des privilèges de l'article 2101 en ce qu'ils ne peuvent jamais grever les immeubles du débiteur. Ils sont au nombre de quatre, savoir : le privilège des Contributions directes autres que la contribution foncière, le privilège du Timbre, le privilège des Douanes et le privilège des Contributions indirectes.

4. — *Privilège des Contributions directes.* — Le privilège des Contributions directes a été créé par une loi spéciale, le 12 novembre 1808, c'est-à-dire assez longtemps après l'établissement des impôts qu'il était destiné à protéger (1). La Révolution n'avait pas voulu reporter sur les nouvelles impositions directes, les sûretés garantissant les anciennes taxes si impopulaires de l'ancien régime, et jusqu'en l'an VII, aucun privilège ne garantit la rentrée de ces impôts. Le pre-

---

(1) Loi 12 novembre 1808 :

Art. 1er. — Le privilège du Trésor public pour le recouvrement des Contributions directes est réglé ainsi qu'il suit et s'exerce avant tout autre :

1° Pour la contribution foncière de l'année échue et de l'année courante, sur les récoltes, fruits, loyers et revenus des biens immeubles sujets à la contribution ;

2° Pour l'année échue et l'année courante des contributions mobilière, des portes et fenêtres, des patentes et toute autre contribution directe et personnelle, sur tous les meubles et autres effets mobiliers appartenant aux redevables, en quelque lieu qu'ils se trouvent.

mier pas dans la voie du rétablissement des prérogatives du fisc fut fait par la loi du 11 Brumaire an VII, article 11 § 2 concédant au Trésor public un privilège pour le recouvrement de la contribution foncière. Ce privilège portait sur l'immeuble imposé et le grevait de plein droit, sans qu'il fut besoin d'inscription. La loi de l'an VII resta en vigueur jusqu'à la promulgation de la loi de 1808 qui étendit le privilège, mais lui rendit le caractère purement mobilier qu'il avait dans l'ancien droit.

La loi de 1808 crée deux privilèges mobiliers : l'un — spécial — garantissant le recouvrement de la contribution foncière ; l'autre — général — garantissant celui des autres contributions directes. C'est du second seul que nous avons à parler ici.

Ce privilège garantit seulement deux années de contribution : l'année échue et l'année courante. Il faut entendre par ces mots les cotes mises en recouvrement pendant l'année échue et l'année courante et non pas celles afférentes à l'année échue et l'année courante. S'il en était autrement en effet, la durée du privilège se trouverait abrégée lorsque le rôle aurait été publié en retard, et le Trésor verrait l'étendue de son droit diminuée (1).

Ce privilège garantit le recouvrement des Contributions directes. Que faut-il entendre par ces mots ? On appelle Contributions directes dans la législation française des finances les cinq contributions : foncière, sur la propriété bâtie, des portes et fenêtres, des

(1) Dumesnil et Pallain : § 327 p. 353.

patentes, personnelle et mobilière. Cette énumération est bien (à l'exception de l'impôt sur la propriété bâtie créé en 1890) celle donnée par la loi du 12 novembre 1808. Le privilège que nous étudions s'appliquerait donc uniquement aux trois contributions : mobilière, des patentes et des portes et fenêtres, la contribution foncière étant garantie par un privilège spécial.

Cette interprétation restrictive est cependant impossible à admettre, devant le texte de la loi disant que le privilège garantit les trois contributions précitées et *toute autre contribution directe et personnelle*. Ce dernier membre de phrase, dans l'esprit du législateur, s'appliquait évidemment aux contributions qui pourraient être créées par la suite, et qui seraient perçues pour le compte de l'Etat au moyen d'un rôle nominatif comme les contributions directes proprement dites. Ces contributions, assez nombreuses aujourd'hui, sont généralement connues sous le nom de *taxes assimilées aux contributions directes*. Telles sont : la taxe des biens de mainmorte; les redevances des mines; la contribution sur les voitures, chevaux, mules et mulets; celle sur les vélocipèdes et automobiles; celle sur les chiens; celle sur les billards; la taxe militaire, etc. (1).

Le privilège grève la généralité des biens des redevables, *en quelques mains qu'ils se trouvent*, dit le texte. Cette expression soulève le gros problème du droit de suite en matière de privilèges mobiliers que

(1) V° Sureau : *Th. doct.*, p. 124.

nous retrouverons plus loin. Bornons-nous ici à indiquer qu'on l'interprète en général conformément au droit commun, c'est-à-dire en admettant que les meubles restent affectés par privilège au Trésor même s'ils se trouvent en d'autres mains que celles du redevable, aux mains d'un gagiste ou d'un dépositaire par exemple, mais que le Trésor perd tout droit sur eux lorsqu'ils cessent d'être la propriété du redevable.

5. — *Privilège du Timbre.* — Le privilège dont jouit le Trésor public pour le recouvrement des droits de timbre ainsi que des contraventions et amendes qui y sont relatives ne mérite pas de nous arrêter longtemps; le texte qui le crée (art. 76 de la loi du 28 avril 1816) ne fait en effet qu'étendre aux droits de timbre le privilège des contributions directes. Tout ce que nous avons dit de ce dernier privilège s'applique à celui-ci (1). Nous devons cependant justifier la qualification de privilège général mobilier que nous lui avons donnée, certains auteurs voulant lui conférer une étendue plus considérable.

Suivant la doctrine à laquelle nous faisons allusion,

---

(1) Loi de finances du 28 avril 1816 :

« Art. 76. — Le recouvrement des droits de timbre et des amendes de contravention y relatives sera poursuivi par voie de contrainte; et, en cas d'opposition, les instances seront instruites et jugées selon les formes prescrites par les lois des 22 primaire an VII et 27 ventôse an IX sur l'enregistrement.

« En cas de décès des contrevenants, lesdits droits et amendes seront dûs par leurs successeurs, et jouiront, soit dans les successions, soit dans les faillites ou tous autres cas, du privilège des contributions directes. »

le privilège du timbre serait double. Il comprendrait d'abord un privilège général mobilier sur tous les meubles et effets mobiliers du redevable, et de plus un privilège spécial mobilier sur les fruits de ses immeubles. Cette théorie s'appuie sur un argument de texte: La loi de 1816 renvoie à celle de 1808, dit-on. Or cette dernière crée un double privilège dont l'un porte sur les fruits de l'immeuble imposé et l'autre sur la généralité des meubles du débiteur. Donc le privilège du timbre doit lui aussi être double, et reposer sur les mêmes bases (1).

Il est difficile de qualifier ce système autrement qu'en le déclarant absurde. Si l'on veut, en effet, suivre exactement le texte de la loi, on sera conduit à conclure que le privilège du Timbre porte sur les fruits *de l'immeuble imposé*, ce qui est une absurdité, parce que l'impôt du Timbre ne peut jamais porter sur un immeuble, c'est un impôt indirect, aussi dissemblable que possible de la contribution foncière pour laquelle le texte a été fait. — Si, d'autre part, pour éviter cet écueil on fait porter le privilège sur les fruits de tous les immeubles du contribuable, on n'applique plus un texte, mais on invente une loi nouvelle. Les privilèges sont, on le sait, de droit étroit; les lois fiscales, comme toutes les lois spéciales s'interprètent restrictivement. On ne peut étendre la loi de

---

(1) En ce sens :
D. 1874. 2. 100, notes 2 et 3.
Dictionnaire de l'Enregistrement. V° *timbre et comptabilité*, § 368.
Garnier : *Rep. gen. de l'Enregist.* V° *timbre*. § 353.

1808 à une hypothèse pour laquelle elle n'a pas été faite, sans la violer sous prétexte de l'interpréter.

Nous croyons donc que le privilège du timbre doit porter seulement sur la généralité des meubles et effets mobiliers du débiteur (1).

6. — *Privilège des douanes.* — Le privilège de la régie des douanes a été créé par la loi des 6-22 août 1791 (titre 13, art. 22) (2) et rappelé par la loi du 4 germinal an II (Titre VI, art. 4) (3) (4). Il garantit d'une manière générale toutes les créances que l'administration des Douanes est chargée de percevoir au nom de l'Etat, tant pour la perception de l'impôt que pour la répression de la fraude qui en est une conséquence,

---

(1) En ce sens :
Paris, 12 janv. 1874 (D. 74. 2. 100).
Guillouard : II § 585.
Aubry et Rau : III § 263 *bis*, note 38, 4°.
Baudry-Lacantinerie et De Loynes I, § 692.
Vergès : *Th. doct.* p. 100.
Sureau : *Th. doct.* p. 128.

(2) *Loi du 6-22 août 1791, Titre XIII.*
« ART. 22. — La Régie aura privilège et préférence à tous créanciers sur les meubles et effets mobiliers des comptables pour leurs débets et sur ceux des redevables pour les droits, à l'exception des frais de justice et autres privilègiés, de ce qui sera dû pour six mois de oyers seulement, et sauf aussi la revendication, dûment formée par les propriétaires, des marchandises en nature qui seront encore sous balle et sous corde. »

(3) *Loi du 4 germinal an II. Tit. VI.*
ART. La République est préférée à tous créanciers pour droits, confiscations, amendes et restitutions, et avec la contrainte par corps.

(4) On tire également argument en faveur du privilège des douanes de l'art. 58 de la loi du 28 avril 1816 sur les douanes (il y a 3 lois de la même date), ainsi conçu : « Toutes les autres lois et actes du Gouvernement encore en vigueur, relatifs aux douanes et que la présente n'abroge pas continueront à être observés ». (*Bulletin des Lois*, 7e série, n° 81).

et porte sur la généralité des meubles et effets mobiliers des redevables.

Aux termes de la loi de 1791, ce privilège portait également sur les biens des agents comptables de la Régie des douanes pour le recouvrement de leurs débets, mais cette disposition a été abrogée par la loi du 5 septembre 1807, réglementant le privilège sur les biens des comptables, en son art. 11.

Deux controverses ont été soulevées à propos de ce privilège : l'une relative à son existence, et l'autre à son étendue.

— On a discuté son existence, en prétextant que la loi du 11 Brumaire an VII avait anéanti tous les privilèges du Trésor et qu'aucun texte postérieur n'était venu rétablir le privilège des Douanes (1). Argument discutable, car on peut soutenir que le texte précité de la loi de 1816 a précisément pour effet de maintenir ce privilège. La jurisprudence d'ailleurs n'a jamais varié sur ce point, et a toujours maintenu l'Administration des Douanes dans son privilège (2).

— Le texte d'autre part fait porter le privilège des Douanes sur *tous* les meubles du redevable, et on s'explique difficilement que certains auteurs aient voulu le restreindre aux seules marchandises ayant donné ouverture aux droits (3). Il y a là, selon toute

(1) V° Vergès : *Th. doct.* p. 42. — Ducos : *Dito* p. 53. — Dumesnil et Pallain, p. 368 § 341.

(2) Cass. 17 oct. 1814, 14 mai 1816 (D. *Rép.* V° *hypothèque*, p. 72). — 12 décembre 1822 (*idem* p. 73).

(3) Ducos : *Op. cit.* p. 57. — Vergès, p. 42.

Dans notre sens : Guillouard : t. II. § 558 p. 93.

Aubry et Rau : III. § 263 *bis*, texte et note 1.

vraisemblance, une confusion entre le privilège de la Régie, et le droit de rétention dont elle jouit sur les marchandises qui sont entre ses mains (1). Il existe cependant entre ces deux droits de préférence des différences caractéristiques : — Le droit de rétention s'applique aux marchandises en entrepôt et le privilège aux marchandises sorties des entrepôts — Le droit de rétention ne peut être primé par aucun autre privilège ; le privilège des douanes est primé par d'autres droits privilégiés. — Le droit de rétention ne garantit que les droits dûs par la marchandise qui y est soumise, tandis que le privilège du Trésor garantit le recouvrement de tous les droits de douane dûs par le redevable sur l'ensemble de ses marchandises (2).

Mais si l'on évite la confusion que nous venons de signaler, on ne peut invoquer aucune bonne raison pour contester au privilège des douanes son caractère général mobilier.

7. — *Privilège des contributions indirectes.* Le texte constitutif du privilège des contributions indirectes (Décret du 1er Germinal an XIII, art 47) reproduit presque textuellement l'article 22 de la loi des 6-22 août 1791 (3). Il y a donc fort peu de choses à dire

(1) Loi 6-22 août 1791, Titre XIII :

ART. 30. — Les marchandises ne pourront être retirées des douanes ou bureaux qu'après le paiement desdits droits.

(2) Sureau : *Th. doct.*, p. 62.

(3) Décret du 1er Germinal an XIII.

ART. 47. — La Régie des Droits réunis aura privilège et préférence à tous les créanciers sur les meubles et effets mobiliers des comptables pour leurs débets, et sur ceux des redevables pour les droits, à l'exde ce privilège après avoir parlé de celui des douanes. Comme ce dernier il porte sur la généralité des meubles du redevable, et non seulement comme on a essayé parfois de le soutenir sur les marchandises donnant ouverture à l'impôt; comme lui il garantit exclusivement la rentrée des impôts indirects que la Régie est chargée de percevoir, et aucune autre créance de l'Administration.

Son existence a été discutée, comme celle du privilège des douanes, mais en s'appuyant sur un autre argument. On ne pouvait plus invoquer la loi du 11 Brumaire de l'an VII puisqu'elle était antérieure à la création de ce privilège, mais on soutint que la loi du 5 septembre 1807 en abrogeant explicitement le décret de Germinal an XIII dans ses dispositions relatives au privilège sur les comptables, l'avait abrogé implicitement dans ses dispositions relatives au privilège sur les redevables. Un arrêt de Cassation du 27 février 1833 vint appuyer cette théorie insoutenable (1). Mais la Cour suprême ne persista pas longtemps dans cette opinion, et une série d'arrêts en sens contraire vint fixer définitivement la jurisprudence (2). Il était en effet évident que la loi de 1807

---

ception des frais de justice, de ce qui sera dû pour six mois de loyer seulement, et sauf aussi la revendication dûment formée par les propriétaires des marchandises en nature qui seront encore sous balle et sous corde.

(1) D. *Rép.* V° *Privilège* p. 550 note 3 — S. 33. 1. 290.

(2) Cass. 11 mars 1835. S. 35. 1. 270.

Cass. 28 août 1837. S. 38. 1. 134.

Cass. 18 fév. 1840. S. 40. 1. 327.

(Cf. D. *Rep. loc. cit.*)

ne pouvait pas abroger tacitement un texte antérieur, s'appliquant à une matière différente, et dont les dispositions n'avaient au surplus rien d'incompatible avec les siennes (1).

SECTION III

Privilèges spéciaux sur certains meubles.

Notre troisième section comprend quatre privilèges : le privilège de la contribution foncière, le privilège sur le cautionnement des comptables, celui sur le cautionnement des inculpés mis en liberté provisoire, et le privilège garantissant le recouvrement des droits de mutation par décès. Tous les quatre obéissent aux mêmes règles générales que les privilèges de l'art. 2102 du Code civil.

8. — *Privilège de la contribution foncière.* — Nous avons déjà vu en étudiant le privilège des contributions directes que la contribution foncière est garantie par un privilège spécial mobilier. Aux termes de la loi de 1808, ce privilège garantit le recouvrement

---

(1) En ce sens :
Troplong : *Priv. et Hyp.* I. § 99.
Pont : *Priv. et Hyp.* I. § 36.
Baudry-Lacantinerie et De Loynes : I. § 662.
Guillouard : II, § 566.
Dumesnil et Pallain : § 333.
Ducos : *Th. doct.* p. 62.
Vergès : *Th. doct.* p. 51.
Sureau : *Th. doct.* p. 68.

de la contribution foncière pour l'année échue et l'année courante, à l'exclusion de tout autre impôt.

Or l'assiette de la contribution foncière et son mode de perception ont été gravement modifiés par une loi du 8 août 1890 qui a scindé l'ancien impôt en deux autres : la contribution foncière proprement dite et l'impôt sur la propriété bâtie. Il faut donc se demander aujourd'hui ce que l'on doit entendre par ces termes de contribution foncière ? Le privilège créé par la loi du 12 novembre 1808 doit-il garantir ou non l'impôt nouveau créé par la loi de 1890 ?

Nous verrons plus loin (1) en étudiant les règles d'interprétation des privilèges qu'il n'existe pas de privilèges sans texte ; que les privilèges créés pour garantir un impôt déterminé ne peuvent pas être étendus par voie interprétative aux impôts analogues établis ultérieurement. Le privilège de la contribution foncière devrait donc, en vertu de ces principes, être restreint aujourd'hui au seul impôt qui porte le nom de contribution foncière.

Nous admettrions volontiers cette conclusion si l'impôt sur la propriété bâtie était véritablement un impôt nouveau créé par la loi de 1890 ; mais en réalité cet impôt n'est pas autre chose qu'une modification, une transformation de l'ancienne contribution foncière. Aussi croyons-nous que le raisonnement que nous venons de rapporter ne lui est pas applicable. Jusqu'en 1890, en effet, la contribution foncière portait indifféremment sur la propriété bâtie ou sur la propriété

(1) *Infra* : Ch. III § 3, III.

non bâtie. L'une et l'autre payaient à raison de la valeur du terrain, étaient soumises à l'évaluation cadastrale et classifiées de la même manière. La loi du 8 août 1890 laissa subsister cette organisation à l'égard des propriétés non bâties, mais à l'égard des propriétés bâties elle transforma l'impôt de répartition en impôt de quotité, supprima la classification et l'évaluation cadastrale, et prit pour base une évaluation de la valeur locative de l'immeuble considéré en lui-même, évaluation révisable tous les dix ans.

Peut-on dire que la loi de 1890 ait créé un impôt nouveau? Non évidemment. Elle n'a fait que modifier le système de perception d'un impôt déjà existant, et cette modification est insuffisante pour entraîner la disparition du privilège garantissant cet impôt. La contribution sur la propriété bâtie n'est qu'une partie débaptisée de l'ancienne contribution foncière, et doit jouir du privilège que le législateur de 1808 a créé pour assurer le recouvrement de la contribution foncière sur les propriétés bâties ou non bâties.

Les biens grevés du privilège de la contribution foncière sont seulement les « récoltes, fruits, loyers et revenus des biens immeubles sujets à la contribution ». Par ces expressions il faut entendre les fruits naturels, industriels et civils de la chose.

La particularité la plus intéressante offerte par le privilège de la contribution foncière, c'est que ce privilège est armé d'un véritable droit de suite, permettant au Trésor de l'exercer entre les mains de n'importe quel détenteur de l'immeuble, qu'il soit ou non débiteur de la contribution foncière. De plus ce privilège peut être exercé à l'encontre des fermiers, locataires, receveurs, économes, notaires, commissaires-priseurs, et autres dépositaires ou débiteurs de deniers provenant du chef des redevables et affectés par privilège au Trésor public (1). Nous retrouverons cette question en étudiant les effets des priviléges.

9. — *Priviléges sur le cautionnement.* — Les officiers ministériels, les comptables de deniers publics et certains autres fonctionnaires sont tenus de fournir un cautionnement en entrant en charge. Ce cautionnement est un gage véritable garantissant les créances des personnes lésées par le fonctionnaire dans l'exercice de ses fonctions. Ces personnes ont donc en raison des « faits de charge » le même privilège sur le montant du cautionnement qu'un créancier gagiste sur son gage.

Le Trésor public, en particulier, jouit d'un privilège sur le cautionnement de ses comptables (2), à dater du jour où ce cautionnement est versé jusqu'à celui de son remboursement, pour la garantie des débets résultant des faits de charge, c'est-à-dire des actes commis par ces fonctionnaires dans l'exercice légal et obligé de leurs fonctions. Si par suite d'abus et de prévari-

---

(1) Loi du 12 novembre 1808, art. 2.

(2) Ce privilège a été créé par la loi du 6 ventôse an XIII qui étendit à tous les comptables publics la loi du 25 nivôse an XIII, relative aux cautionnements fournis par les notaires, avoués et autres. La loi de ventôse déclare que le cautionnement des comptables est affecté, comme celui des notaires, par premier privilège à la garantie des condamnations encourues par eux à l'occasion de l'exercice de leurs fonctions, et par second privilège aux bailleurs qui ont prêté les fonds représentant le cautionnement.

cations, le comptable vient à léser un tiers, celui-ci n'a aucun droit sur le cautionnement. Il doit se retourner contre l'Etat qui est responsable des agissements de son fonctionnaire, et c'est l'Etat qui aura un recours privilégié sur le cautionnement.

L'importance du cautionnement varie avec l'emploi que remplit le comptable. Lorsque le fonctionnaire est nommé à un poste plus élevé, il verse un nouveau cautionnement, ou, si l'on préfère, un supplément de cautionnement. Malgré ces versements successifs, le cautionnement est toujours réputé indivisible ; c'est-à-dire que l'Etat exerce son privilège sur la totalité du cautionnement, aussi bien sur la fraction versée par le comptable à raison des fonctions qu'il occupe à ce moment que sur les fractions versées par lui à raison de ses fonctions antérieures.

Mais lorsqu'un comptable cumule plusieurs fonctions et verse plusieurs cautionnements, les uns au profit du Trésor, les autres au profit d'une commune ou d'un autre établissement public, il est certain que le principe d'indivisibilité n'est plus applicable, et que chacun de ces cautionnements spéciaux doit être affecté par privilège à la garantie des faits de charge du comptable dans chacune de ses fonctions déterminées. La Cour de Cassation a essayé de soutenir la thèse contraire au sujet d'un percepteur qui était en même temps receveur municipal (1), mais la discussion n'est pas même possible devant la précision des

(1) Cass. 5 déc. 1843. — Dumesnil et Pallain, § 181.

textes, et notamment de l'ordonnance du 17 septembre 1837 (1).

Le cautionnement est généralement fourni en numéraire. Mais il peut l'être également en rentes sur l'Etat ou en immeubles. Ce dernier procédé est, il est vrai, peu employé, car l'Etat a entouré la réception des cautionnements en immeubles de garanties qui entraînent des formalités aussi longues que coûteuses (2), mais il offre un intérêt théorique. Que va devenir le privilège du Trésor si le cautionnement, au lieu d'être mobilier, est immobilier?

Le privilège ne se transforme pas, comme on pourrait le croire, en un privilège spécial immobilier, mais bien en une simple hypothèque. L'Etat se trouve soumis au droit commun pour la réalisation de son gage immobilier. Il doit prendre une inscription hypothécaire renouvelable tous les dix ans, et son rang n'est pas préférable à celui des autres créanciers dont le titre aurait été inscrit antérieurement (3). Ce mode de cautionnement est donc, pour le Trésor, très inférieur aux deux autres.

Du privilège que nous venons d'étudier, nous devons rapprocher le privilège dont jouit le Trésor sur le

---

(1) Ordonnance du 17 septembre 1837 :

ART. 11. — Lorsqu'un déficit portera sur un ou plusieurs services confiés aux percepteurs ou aux receveurs des communes et autres établissements charitables, la portion de chaque cautionnement, restée disponible sur le service *dont il forme la garantie spéciale*, sera affectée aux autres services créanciers pour leur être distribuée au marc le franc des sommes dues à chacun d'eux.

(2) Dumesnil et Pallain : § 161, 162, 163.

(3) Avis du Conseil d'Etat, 18 avril 1809. Dumesnil et Pallain : § 161. Vergès : p. 162.

cautionnement fourni par l'inculpé mis en liberté provisoire, privilège créé par la loi du 14 juillet 1865, qui a modifié les articles 91, 94, 113 à 126, 206 et 613 du Code d'instruction criminelle.

Le cautionnement versé par l'inculpé mis en liberté provisoire est affecté spécialement au payement des frais et des amendes, mais ne garantit pas le payement des dommages-intérêts. En cas de condamnation, il est acquis à l'Etat jusqu'à due concurrence.

10. — *Privilège des droits de mutation par décès.* — De tous les privilèges institués par des lois spéciales en faveur du Trésor public, il n'en est pas qui ait fait l'objet de controverses plus véhémentes que celui dont jouit la Régie de l'Enregistrement pour le recouvrement des droits de mutation par décès. Son existence, sa nature, sa portée, ses conditions d'exercice ont motivé des discussions célèbres, tant en doctrine qu'en jurisprudence.

Son origine remonte cependant fort loin dans l'histoire puisque, en droit romain, la perception de la *vicesima hereditatium* était déjà garantie par une hypothèque privilégiée, tant sur les biens des publicains que sur ceux des redevables (1). Dans l'ancien droit, le droit de *centième denier* portant sur les immeubles successoraux était garanti par un privilège sur les meubles (2). Mais, dans notre législation, la volonté du législateur n'a pas été très clairement

(1) Cabanis : *Th. doct.*, p. 111, 116.
(2) *Dict. des Domaines*, v° *Préférence.*

exprimée, au moins dès le début. Le projet du Code civil contenait une disposition assurant au Trésor un privilège pour le recouvrement des droits de mutation par décès (1); mais cet article disparut pendant la discussion. et c'est sur la loi assez peu explicite du 22 frimaire an VII que la jurisprudence et une partie de la doctrine s'appuyèrent pour affirmer l'existence de ce privilège (2). On soutenait, en ce sens, que l'action du Trésor devant porter sur les revenus des biens à déclarer « en quelques mains qu'ils se trouvent », ne pouvait être qu'une action privilégiée. Le texte créait un droit de suite, qui devait nécessairement s'accompagner d'un droit de préférence (3). Mais d'autres auteurs

(1) Cet article était ainsi conçu :

« Les privilèges portant sur les meubles et les immeubles sont :... 3° le privilège en faveur de la Régie des Domaines, relativement aux droits dus pour les ouvertures de succession. »

Merlin : *Rép.*, v° *Privilège de créance.*

Fenet : *Trav. prép.*, t. XV, p. 328.

(2) Loi du 22 frimaire an VII :

Art. 32. — Les droits de déclarations des mutations par décès seront payés par les héritiers, donataires ou légataires. Les cohéritiers seront solidaires.

« La Nation aura action sur les revenus des biens à déclarer, *en quelques mains qu'ils se trouvent*, pour le payement des droits dont il faudrait poursuivre le recouvrement. »

(3) En ce sens : Cass., 9 vendémiaire an XIV. — S. 11. 1. 166.
Paris, 25 mai 1835. — S. 35. 2. 272.
Cass., 3 déc. 1839. — S. 40. 1. 28.
Bordeaux, 15 fév. 1849. — S. 49. 2. 536.
Cass., 28 juillet 1851. — S. 51. 1. 761. — D. 51. 1. 233.
Angers, 9 janv. 1856. — S. 56. 2. 75.
Cass., 23 juin 1857. — S. 57. 1. 401. — D. 57. 1. 233.
Cass., 24 juin 1857. — S. 57. 1. 438. — D. 57. 1. 235.
Cass., 2 déc. 1862. — S. 62. 1. 97. — D. 62. 1. 513.
Bourges, 24 fév. 1864. — S. 64. 2. 30. — D. 64. 2. 55.
Cass., 24 nov. 1869. — S. 70. 1. 88. — D. 70. 1. 339.
Caen, 24 janv. 1888. — S. 90. 2. 193,

répondaient qu'une action réelle n'est pas nécessairement une action privilégiée, et que les privilèges étant de droit étroit, on ne peut les faire naître par interprétation d'un texte qui ne les mentionne pas expressément (1). Nous ne rappelons que pour mémoire la troisième et originale doctrine dont nous avons déjà parlé, et qui faisait découler le privilège du Trésor d'un droit de domaine éminent de l'Etat sur la propriété particulière (2).

Ces controverses, jadis fameuses, n'ont plus aujourd'hui qu'un intérêt historique, car deux lois récentes, relatives à d'autres questions, ont fait mention incidemment, mais d'une manière fort explicite, du privilège de la Régie de l'Enregistrement pour le recouvrement des droits de mutation par décès (3). Nous

---

Grenier : *Hypoth.*, II, § 418.
Troplong : I, § 97.
Aubry et Rau : III. § 263 *bis*.
Guillouard : § 570.
Dumesnil et Pallain : § 349.
Vergès : *Th. doct.*, p. 102.
Cabanis : *Th. doct.*, p. 132.
Cossic : *Th. doct.*, p. 68.
(1) En ce sens :
Orléans, 9 juin 1860. — S. 60. 2. 551. — D. 60. 2. 201.
Pont : II, § 34.
Mourlon : *Examen critique du Commentaire de M. Troplong*, I. § 55. sqq.
Wahl : *Note* dans S. 90. 2. 193.
Wahl : *Rev. crit.* 1893, p. 151.
Testoud : *Rev. crit.* 1891, p. 273.
Ducos : *Th. doct.*, p. 111.
Merlin : *Rép*, v° *Privilège*, sect. 2, § 2, n° 7.
(2) Cf. *Supra* : Introduction, § 5.
(3) *Loi du 16 avril 1895, art. 7 :*
« Le *privilège* accordé au Trésor par l'art. 32 de la loi du 22 frimaire an VII, pour le recouvrement des droits de mutation par décès,

considérons donc la question comme tranchée et ne croyons pas devoir y insister plus longtemps.

Le privilège de la Régie de l'Enregistrement est un privilège spécial mobilier, nous le savons déjà, mais sur quels biens porte-t-il? Les défenseurs du droit de *prélèvement* de l'Etat le faisaient porter sur tous les biens meubles et immeubles de la succession, et un ingénieux système construit par M. Serrigny arrive au même résultat, au moyen d'un raisonnement tout différent (1). Laissant de côté l'art. 32 de la loi de frimaire an VII, le savant jurisconsulte arrivait à baser son privilège sur les articles 14 et 15 de la loi, qui disposent simplement que la liquidation des droits de mutation par décès doit avoir lieu sans distraction des charges. Il en déduisait que les dettes des successions ouvertes ne sont pas opposables à l'Administration et que celle-ci a, par conséquent, privilège et préférence à l'égard de ces créanciers sur les biens de la succession.

Cette argumentation, d'une remarquable subtilité, et qu'il faut lire en entier, pèche malheureusement par

---

s'applique à la taxe établie aux amendes prononcées par la présente loi. »

Loi du 25 février 1901, art. 19, in fine :

« Cette disposition ne porte pas atteinte à l'exercice du *privilège* que l'article 32 de la loi du 22 frimaire an VII accorde au Trésor sur le revenu des biens à déclarer. »

(1) Serrigny : *Rev. crit.*, t. IX (1856), p. 538.

En ce sens :

Cass. 3 déc. 1839. S. 40. 1. 28.

Cass. 28 juillet 1851. — S. 51. 1. 761.

Cass. 19 nov. 1888. — S. 90. 1. 277.

Contra : Guillouard : II. § 571. — Baudry-Lacantinerie et De Loynes : I. § 656. — Vergés, Ducos, Cossic, etc..

la base. Les articles 14 et 15, sur lesquels elle s'appuie, n'ont aucun rapport avec le privilège de la Régie et se réfèrent uniquement au mode de liquidation de l'impôt. Le privilège ne peut être basé, lui, que sur l'article 32 ; ceci est d'autant plus indiscutable que les deux textes récents qui mentionnent ce privilège le font reposer sur l'article 32 de la loi de frimaire an VII. Or, l'article 32 est formel : « La nation aura action sur les revenus des biens à déclarer », dit-il.

Ce sont donc ces revenus des biens à déclarer, et eux seuls, qui forment l'assiette du privilège.

Remarquons, en passant, que le privilège de la Régie de l'enregistrement, comme celui de la Régie des Contributions directes pour le recouvrement de la contribution foncière, est armé d'un droit de suite, et permet d'atteindre les biens privilégiés « en quelques mains qu'ils se trouvent ».

CHAPITRE II

Des conditions relatives à l'exercice des privilèges du Trésor.

1. De la naissance des privilèges.
2. De la conservation des privilèges. — Inscription des privilèges immobiliers.
3. Des personnes qui peuvent exercer le privilège. — Un particulier peut-il être subrogé dans les droits du Trésor?
4. De la manière dont s'exercent les privilèges qui portent à la fois sur les meubles et les immeubles.
5. De l'extinction des privilèges du Trésor, et de la mainlevée des inscriptions.

1. A quel moment les privilèges du Trésor prennent-ils naissance? Cette question présente un intérêt assez considérable, car l'art. 2098 C. civ. *in fine* dispose que « le Trésor royal ne peut pas obtenir de privilège au préjudice des droits antérieurement acquis à des tiers. » Cette dernière phrase, il est vrai, est un sujet de controverses, et plusieurs systèmes ont été construits pour l'expliquer. Mais, au moins, en adoptant certains de ces systèmes, il y a intérêt à savoir quels sont les droits antérieurement acquis à des tiers, c'est-à-dire à savoir de quelle époque date le privilège.

En général tout privilège prend naissance en même temps que la créance qu'il est appelé à garantir; le privilège est en effet un droit accessoire qui ne peut pas exister par lui-même indépendamment d'un droit principal de créance. Les privilèges du Trésor ne sauraient faire exception à cette règle générale. Il suffit donc de déterminer la date du droit de créance pour avoir celle de la naissance du privilège.

Seulement un privilège ne produit pas nécessairement effet à dater du jour de sa naissance : il peut soit rétroagir, soit ne produire effet qu'à dater d'un acte postérieur.

A ce point de vue les privilèges du Trésor peuvent se diviser en plusieurs groupes.

a) Le premier groupe comprend les privilèges qui garantissent la rentrée des impôts : contribution foncière, contributions directes, contributions indirectes, douanes, timbre, droits de mutation par décès. Aucune difficulté ne peut s'élever à leur sujet : ces privilèges prennent naissance du jour où est dû l'impôt, date qu'il est facile toujours de déterminer. Seul l'impôt des droits de mutation a donné lieu à quelques discussions dans lesquelles nous n'avons pas à entrer, pour savoir si l'impôt est dû du jour du décès du *de cujus* ou du jour où une mutation a eu lieu, s'il est dû par les successions vacantes, les successions bénéficiaires, etc. (1). A notre avis le nom même de l'impôt paraît indiquer qu'une *mutation* est nécessaire pour lui donner ouverture.

---

(1) Vergès : p. 102. -- Sureau : p. 137.

b) Un second groupe comprendra le privilège des frais de justice. La créance du Trésor remonte évidemment aux premiers actes de poursuites dirigés contre l'inculpé, mais cette créance est incertaine quant à son chiffre et n'est liquidée que par le jugement de condamnation aux frais. Ce jugement est un acte déclaratif des droits du Trésor, et c'est à dater de ce jugement que le privilège produira en principe, ses effets. Mais il peut cependant remonter plus haut encore. L'art. 4 § 3 de la loi du 5 septembre 1807 dispose en effet que le privilège du Trésor sur les biens immeubles, dûment inscrit, est primé par les hypothèques légales dispensées d'inscription, pourvu qu'elles soient antérieures au mandat d'arrêt ou au jugement de condamnation. Or, comme nous le verrons plus loin, le rang du privilège des frais de justice lorsqu'il porte sur les immeubles est déterminé non par la date de l'inscription, mais par la qualité du privilège. Si donc il est nécessaire que les hypothèques légales soient antérieures au jugement de condamnation ou au mandat d'arrêt pour primer le privilège du Trésor, c'est que c'est à partir d'un de ces deux actes que ce privilège produit effet (1).

Le privilège ne s'applique donc, dans tous les cas, qu'à la somme des frais liquidés par le jugement de condamnation, à dater de ce jugement s'il n'y a pas eu de mandat d'arrêt décerné, à dater du mandat d'arrêt dans le cas contraire.

---

(1) Cette disposition de la loi de 1807 est une exception au principe général que toute créance privilégiée est préférable aux créances hypothécaires antérieures. (Voyez *infra*, IIe partie, chap. 1).

Le troisième groupe enfin comprend le privilège sur les biens des comptables et celui sur leur cautionnement. Ici, comme toujours, le privilège ne prend naissance qu'avec la créance du Trésor, c'est-à dire du jour où le comptable a commis un acte de malversation, mais il rétroagit.

Le privilège sur les biens des comptables rétroagit au jour de leur nomination, puisque c'est postérieurement à cette nomination — ou, plus exactement à cette entrée en charge — qu'il grève les meubles trouvés dans leur maison d'habitation et les immeubles acquis à titre onéreux par eux ou leurs femmes. Le privilège remonte ainsi à une date antérieure à la naissance de la créance, à une date où l'on ignore si la créance existera, à la façon des hypothèques légales du mineur ou de la femme mariée, garantissant des créances éventuelles et incertaines, mais qui remontent néanmoins au jour de l'acceptation du tuteur ou au jour du mariage.

Il en est au moins ainsi lorsque le privilège s'exerce sur le mobilier, car lorsqu'il grève les immeubles, il existe une impossibilité matérielle à ce qu'il remonte au jour de l'entrée en charge. Le privilège en effet s'exerce uniquement sur les immeubles acquis à titre onéreux par le comptable à dater du jour de sa nomination. Tant qu'aucune acquisition immobilière n'a été effectuée, il ne saurait donc exister, faute de base. Si le privilège rétroagit au jour de la nomination du comptable quand il s'exerce sur les meubles, il ne rétroagit qu'au jour de l'acquisition de l'immeuble lorsqu'il présente le caractère immobilier.

De même le privilège sur le cautionnement rétroagit au jour de la remise du gage, du dépôt du cautionnement. Aux termes de la loi du 25 nivôse an XIII (art. 1) ce privilège garantit les condamnations prononcées contre les comptables « par suite de l'exercice de leurs fonctions »; son effet remonte donc nécessairement à l'entrée en charge.

Nous en dirons autant du privilège sur le cautionnement des inculpés mis en liberté provisoire, qui ne soulève aucune difficulté.

2. — La conservation des privilèges mobiliers du Trésor n'est subordonnée à aucune formalité, mais il n'en est pas de même pour les privilèges immobiliers. Ces derniers doivent être inscrits dans un certain délai pour pouvoir être exercés valablement.

Les deux privilèges immobiliers du Trésor : privilège sur les biens des comptables et privilèges des frais de justice criminelle obéissent à certaines règles communes, quant aux formalités requises pour leur inscription, mais ont aussi chacun des règles propres.

Le délai d'inscription est le même pour les deux privilèges. Ils doivent être inscrits dans un délai de deux mois, à dater : — pour l'un, du jugement de condamnation aux frais, — pour l'autre, de l'enregistrement de l'acte translatif de propriété constatant l'acquisition du comptable (1).

Les deux inscriptions sont soumises au droit commun, tel qu'il résulte de l'art. 6 de la loi du 23 mars

(1) Loi du 5 septembre 1807 sur les comptables, art. 5. — Loi du 5 septembre 1807 sur les frais de justice criminelle, art. 3.

1855. Elles doivent être opérées avant la trancription de l'acte translatif de propriété si l'immeuble privilégié vient à changer de mains ; sinon le privilège cesse d'être opposable au précédent propriétaire (1).

Elles sont pareillement soumises au droit commun tel qu'il résulte de l'art. 2113 du Code civil. Si les créances privilégiées n'ont pas été inscrites à temps, elles dégénèrent en simples hypothèques, qui ne prennent rang qu'à dater de leur inscription.

Enfin ces inscriptions doivent être renouvelées tous les dix ans (2).

Mais à côté de ces ressemblances, les règles relatives à l'inscription des privilèges immobiliers du Trésor présentent plusieurs différences.

1° L'inscription du privilège des frais de justice est toujours *facultative*. Celle du privilège sur les comptables est tantôt facultative, tantôt d'*office*.

L'inscription d'*office* ne peut être prise qu'à l'égard de certains comptables, énumérés limitativement dans l'art. 7 de la loi du 5 septembre 1807 (3). Ceux-ci sont tenus, sous peine d'être destitués, et, en cas d'insolvabilité envers le Trésor, poursuivis comme banqueroutier frauduleux, d'énoncer leurs titres et qualités dans tous les actes translatifs de propriété passés par

---

(1) On admet généralement que l'inscription prise dans le délai de deux mois, mais postérieurement à l'acte de transcription, a pour effet de conserver au Trésor son droit de préférence, mais non son droit de suite.

(2) Art. 2154 C. Civ. — Avis du Cons. d'Etat du 15 décembre 1807.

(3) Ces comptables sont : les receveurs généraux de départements, les receveurs particuliers d'arrondissement, les payeurs généraux et divisionnaires, les payeurs de département, des ports et des armées.

eux. Les receveurs de l'enregistrement et les conservateurs des hypothèques doivent, au vu de ces actes, et à peine de destitution et de dommages-intérêts, requérir ou opérer l'inscription au nom du Trésor public pour la conservation de ses droits. Cette inscription s'opère donc en quelque sorte automatiquement, d'où son nom d'inscription d'office (1).

L'inscription est dite au contraire *facultative* lorsqu'elle n'existe qu'autant que le Trésor veut bien la requérir. C'est l'inscription de droit commun. Elle s'applique au privilège des frais de justice criminelle, et au privilège des comptables pour tous ceux de ces fonctionnaires qui ne sont pas compris dans l'énumération de l'art. 7 de la loi. Dans les premières années d'exécution de la loi de 1807, des receveurs de l'enregistrement crurent devoir requérir des inscriptions contre des préposés de l'enregistrement, des receveurs des contributions indirectes et des percepteurs. Les intéressés se plaignirent et en référèrent au ministre des Travaux publics. Après avoir pris l'avis du Grand Juge, celui-ci fit connaître par une décision du 15 juillet 1809 que l'inscription d'office, au vu des actes translatifs de propriété ne devrait être prise que sur les comptables désignés en l'article 7 de la loi du 5 septembre 1807 (2). Le Trésor conserve toutefois le droit de requérir sur les biens des comptables autres que ceux prévus à l'art. 7, une inscription facultative lorsqu'il le juge nécessaire (3).

(1) Dumesnil et Pallain § 271, 272, 273.
(2) Dumesnil et Pallain § 272.
(3) Cass. 5 mars 1855, D, 55. 1. 127.

2° L'inscription du privilège des frais de justice criminelle est prise sur la généralité des immeubles du débiteur. L'inscription du privilège sur les comptables est spéciale et ne porte que sur certains immeubles déterminés.

3° L'inscription du privilège des frais de justice s'opère sur présentation d'un titre qui prouve la qualité du créancier : le jugement. Le Trésor n'a pas à produire de titre quand il prend inscription sur les biens d'un comptable : son titre émane de la loi.

4° Le privilège des frais de justice peut être inscrit pour une somme fixe, les frais étant liquidés par le jugement de condamnation. Le privilège sur les biens des comptables ne peut être inscrit que pour une somme indéterminée, puisque la créance éventuelle du Trésor n'est pas connue au moment de l'inscription.

3. — Par quelles personnes les privilèges du Trésor peuvent-ils être exercés ? Il est de principe que les privilèges du droit civil peuvent être exercés par un cessionnaire de la créance privilégiée (art. 212), ou par un tiers subrogé dans les droits du créancier (art. 1249 sqq. 2103, 2° *et* 5°). Les privilèges du Trésor public obéissent-ils à la même règle ?

Les privilèges du Trésor ne peuvent évidemment pas être exercés par un cessionnaire, parce que les créances d'impôts sont des droits incessibles, comme tous les autres droits domaniaux. L'Etat seul peut percevoir l'impôt. Mais la question se pose pour les tiers qui auraient payé à l'Etat la dette du débiteur principal dans les conditions prévues par l'art. 1251 C. Civ. et qui devraient, aux termes de cet article, être subrogés légalement dans les droits du Trésor public. Jouiront-ils ou non du privilège du Trésor pour garantir leur recours contre le débiteur principal ? Le point a été discuté, et l'opinion de la négative a même été érigée en principe général (1).

Nous ne voyons pas quels sont les raisons qui ont pu motiver une telle rigueur, et ajoutons-le, une telle dérogation au droit commun, car tous les auteurs tombent d'accord que les deux hypothèses de subrogation d'une créance privilégiée prévues par l'art. 2103 n'étant qu'une application du droit commun doivent être généralisées à tous les privilèges. Il n'y a aucune raison de traiter plus mal le tiers qui a acquittté de ses deniers la dette d'une autre personne envers le Trésor que celui qui a acquitté la dette d'une autre personne envers un créancier ordinaire. Il y a au contraire deux raisons excellentes pour que la faveur de la subrogation légale lui soit accordée : La première, c'est qu'il importe particulièrement d'assurer le payement des impôts, l'autre, c'est que certaines personnes peuvent être contraintes, ainsi que nous le verrons plus loin, de payer au Trésor la dette d'autrui au nom et en l'acquit du débiteur. Le fermier, par exemple, peut être contraint de payer la contribution foncière du propriétaire ; la caution d'un marchand peut être contrainte de payer à la Régie les

(1) Pandectes françaises : *Rep.* V° *privilèges et hyp.* § 3088 et 3239, avec les arrêts cités.

droits afférents aux marchandises acquises par ce négociant.

Aussi la jurisprudence n'a-t-elle jamais hésité à accorder la subrogation légale au tiers qui paye la dette d'autrui envers le Trésor en se trouvant dans les conditions prévues par l'art. 1251.

Sont subrogés par exemple dans les droits du Trésor ceux qui payent au fisc une dette dont ils étaient tenus avec d'autres ou pour d'autres :

— Les fermiers qui payent la contribution foncière à la place du propriétaire (1).

— La caution d'un négociant redevable de droits à la Régie des Contributions Indirectes, qui a désintéressé cette administration (2) (3), etc.

---

(1) Cass. 4 déc. 1895, *Crépey et Valarché*, D. 96. 1. 345. «... Attendu dit cet arrêt, que c'est à bon droit que L. (le fermier qui avait payé les contributions) se prétend subrogé aux droits du Trésor ; — Qu'il peut légitimement invoquer en sa faveur la subrogation légale résultant de l'article 1251 § 3 C. Civ. puisqu'aux termes de la loi du 3 frimaire an VII, tout fermier est tenu de payer en l'acquit du propriétaire la contribution foncière sur les biens qu'il prend à ferme. et qu'aux termes de l'article 2 de la loi du 12 nov. 1808, cette même obligation est de nouveau imposée au fermier ».

(2) T. com. Seine 23 juin 1881. Labori, *Rep.* v° *impôts indirects* § 1155. — Trib. com. Bordeaux 28 mai 1859 ; *Pandectes francaises*, v° *impôts* § 7413. 7414.

(3) Jugé, dans le même sens, qu'un marchand en gros dans une ville rédimée. qui a expédié en droits acquittés des boissons à un cafetier demeurant dans la même ville, se trouve, quant à ces droits, légalement subrogé au privilège de la Régie, pour le double motif qu'il était solidairement tenu avec le destinataire au payement des taxes afférentes aux marchandises livrées, et que la législation fiscale lui imposait de faire l'avance de ces taxes. (T. com. Boulogne-sur-Mer, 1er février 1898; *Rev. vin* : du 15 décem. 1898. *Pandectes françaises*, v° *impôts* § 7415).

Jugé que la caution qui a acquitté les droits de douane à la place du principal obligé est subrogée au privilège de l'administration (Cass. 17 août 1836. *Pugliesi* S. 26. 1.632. Cass. 9 mars 1885, *Gourdin*. 86.1. 109, Cf. Dalloz : *supp.* v° *douanes*, § 136).

— La Cour de Cassation a même décidé que l'héritier bénificiaire qui paye de ses deniers les droits de mutation par décès lui imcombant, est subrogé de ce chef dans les droits de l'Administration et peut venir en concurrence avec les créanciers de la succession sur les biens de celle-ci. On admet en effet que l'héritier bénéficiaire est tenu à la fois en son nom personnel et au nom de la succession (1).

Mais par application du droit commun, le bénéfice de la subrogation sera refusé a ceux qui ont payé une dette au Trésor, étant personnellement et exclusivement débiteurs.

Ainsi un entrepositaire qui loue son entrepôt à un marchand de vins ou autre négociant en boissons non muni de licence, est tenu de verser à la Régie le montant des droits dûs par son locataire, mais sans être subrogé dans les droits du fisc. Les entrepositaires en effet sont responsables envers l'Administration de toutes les marchandises qui entrent dans leur magasin, quelle qu'en soit la provenance, soit qu'ils exploitent eux-mêmes leur entrepôt, soit qu'ils le louent (2).

Il faut évidemment généraliser ces solutions de jurisprudence aux autres hypothèses de subrogation légale prévues par l'article 1251, lorsqu'elles peuvent se

---

(1) Cass. 24 juin 1857. S. 57. 1. 437.

(2) Lyon 6 mars 1888, *Monit. des syndics de faillite*, 1888 p. 87. *Pandectes françaises*, v° *impôts* § 7417 Cf. arrêts cités dans les *Pandectes.* §§ 7418, 7419.

Jugé dans le même sens que le commissionnaire qui a acquité les droits sur les marchandises qui lui ont été consignées et a porté cette avance au compte courant de son client un peut pas invoquer le privilège de la subrogation légale (Douai, 16 juin 1858. *Lamy*. S. 59. 2. 175. D. 59. 2. 84).

réaliser et décider notamment que le créancier du contribuable qui désintéresse de ses deniers le Trésor public, lorsque celui-ci lui est préférable à raison du rang de son privilège doit être subrogé dans les droits du Trésor (1).

4. — Une question controversée est celle de savoir si les privilèges du Trésor qui s'étendent à la fois sur les meubles et les immeubles s'exercent simultanément sur ces deux catégories de biens, ou s'ils ne grèvent les immeubles qu'en cas d'insuffisance du mobilier. Les privilèges généraux mobiliers et immobiliers du droit civil ne peuvent atteindre les immeubles qu'après discussion préalable du mobilier (art. 2105 C. Civ.). Mais comme aucune mention n'est faite de cette règle dans les deux lois du 5 septembre 1807, on peut être tenté de conclure *a contrario* que les privilèges du fisc dérogent au droit commun, que le Trésor peut s'attaquer à son gré aux meubles ou aux immeubles de son débiteur, voire aux meubles et immeubles tout à la fois.

L'opinion contraire est généralement adoptée par la doctrine et par la jurisprudence ; on peut invoquer en sa faveur un argument tiré des travaux préparatoires du Code civil, qui est d'une portée considérable.

---

(1) Jugé toutefois que la partie civile qui a fait l'avance des frais de la poursuite et qui obtient de ce chef une condamnation, ne peut pas invoquer le privilège du Trésor. (T. Seine 1er déc. 1891 *Le Droit* 24 déc. 1891 *Pandectes françaises* v° *privilège* § 3239).

Le projet d'article 13 du chapitre des privilèges et hypothèques, qui est devenu l'art. 2104 du Code civil, était ainsi rédigé :

« Les privilèges qui s'étendent sur les meubles et les immeubles sont :

1° Ceux pour les frais de justice, les frais funéraires, ceux de dernière maladie, ceux pour la fourniture des subsistances et les gages des gens de service.

2° Le privilège en faveur du Trésor public sur les meubles des comptables et les immeubles acquis depuis leur entrée en exercice.

3° Le privilège en faveur de la régie des domaines relativement aux droits dus pour les ouvertures de succession ».

La règle posée par l'art. 2105 que le recours du créancier privilégié ne serait que subsidiaire sur les immeubles s'appliquait, parconséquent, à tous ces privilèges, y compris celui du Trésor (1).

Or à la suite de discussions sur l'étendue qu'il convenait de donner au privilège sur les biens des comptables, on proposa de faire régler les différents privilèges du Trésor par des lois particulières, et le privilège sur les biens des comptables fut rayé de l'art. 2104. Mais ce retranchement est absolument étranger à la question que nous étudions en ce moment, et à ce point de vue la pensée du législateur a été indiquée aussi nettement que possible par le projet de l'art. 2104. Si

---

(1) Fenet : *Trav. prép.* t. XV pp. 330, 357.
Dumesnil et Pallain : § 270.
Dalloz : *Rep. v°. privilèges et hyp.* § 570.
Pandectes françaises : v° *privilège* § 3245.

la règle posée par l'art 2105 n'a pas été reproduite dans la loi du 5 septembre 1807 c'est évidemment le résultat d'un oubli, et dans le silence du texte, c'est le droit commun qu'il faut appliquer (1).

Une jurisprudence constante interprète dans ce sens la loi de 1807 sur les biens des comptables, ainsi d'ailleurs que celle de la même date sur les frais de justice criminelle. Etant donnée l'analogie qui existe entre les deux privilèges immobiliers du Trésor, il est évident qu'il faut appliquer la même règle à l'un et à l'autre (2).

Le système contraire aurait d'ailleurs un inconvénient pratique considérable et qui suffirait à le faire rejeter : ce serait de permettre au Trésor de favoriser les créanciers chirographaires au détriment des créanciers privilégiés et hypothécaires, ce qui serait absolument contraire à l'esprit de notre législation.

5. — Les privilèges du Trésor sont susceptibles de s'éteindre par tous les modes de droit commun applicables aux autres privilèges : extinction de l'obligation principale, prescription, renonciation du créancier, perte de la chose, accomplissement des formalités de la purge (ce dernier mode pour les privilèges immobi-

---

(1) En ce sens :
Troplong : *Op. cit.* 1, n° 94 *ter*.
Aubry et Rau : t. III § 263 *bis*, texte et note 27.
Pont : *Op. cit.* I § 44.
Baudry Lacantinerie et De Loynes : II § 678.
Guillouard : *Op. cit.* II § 597.
Ducoz : *Thèse doct.* p. 161.

(2) Cass. 22 août 1836, *Domaines*. D. 36. 1. 447. S. 36. 1. 625.

liers seulement). Les deux modes normaux d'extinction sont l'exécution de l'obligation principale et la prescription.

L'obligation principale se trouve exécutée et par conséquent éteinte lorsque le contribuable a acquitté ses impôts, lorsque le comptable constitué en débet a versé au fisc les sommes qu'il lui devait, lorsque le condamné a payé les frais de justice liquidés par le jugement de condamnation. Toutefois, en vertu du principe de l'indivisibilité du privilège, il faut que la dette ait été payée intégralement pour que le privilège s'éteigne.

Le payement avec subrogation fait exception au principe puisqu'il éteint la dette principale tout en laissant subsister le privilège au profit du subrogé.

Le privilège disparaît de même lorsque la dette se trouve prescrite. Aux termes d'un arrêté du 16 thermidor an VII (art. 17), reproduit par la loi du 3 frimaire an VII (art. 149, 150) les percepteurs qui n'auront exercé aucune poursuite contre les contribuables en retard pendant trois années consécutives perdront leur recours et toute action contre eux. Les contributions directes sont donc soumises à la prescription triennale(1). Quant aux contributions indirectes, elles se prescrivent par un laps de temps encore plus court. Aux termes du décret du 1er germinal an XIII (chap. X. art. 50) la prescription est acquise aux redevables contre la régie pour les droits que ses préposés n'auraient pas réclamés dans le délai d'un an à dater de l'époque de leur exigibilité.

---

(1) Durieu : *op. cit.* sur l'art. 18, I. p. 345.

La renonciation du fisc à son privilège est excessivement rare dans la pratique, qu'il s'agisse de renonciation expresse ou tacite. Cependant on peut citer à titre de curiosité un cas de renonciation tacite de la Régie des Douanes à son privilège.

Cette renonciation est présumée accomplie lorsqu'un entrepositaire transfère dans un magasin particulier les marchandises entreposées sujettes aux droits et que la douane y consent. On sait que les marchandises entreposées sont réputées *hors de France* et dispensées du payement des droits, qu'elles peuvent être dans ces conditions cédées à un nouveau propriétaire au moyen de *warrants*. Or, lorsque le transfert des marchandises est opéré de l'entrepôt dans le magasin du nouveau propriétaire, et que la douane ratifie l'opération en déchargeant l'ancien soumissionnaire du paiement des droits, elle est réputée avoir renoncé à son privilège (1).

Les privilèges du Trésor ne garantissent généralement que des créances certaines. Il en est deux cependant qui garantissent des créances éventuelles : le privilège sur le cautionnement et le privilège sur les biens des comptables. Le Trésor est autorisé à exercer les droits d'un créancier gagiste sur le montant du cautionnement dans le premier cas, à faire inscrire son privilège dans le second, avant que le comptable n'ait été constitué en débet et qu'une créance ne soit née au profit du Trésor. Si cette créance ne naît pas,

---

(1) Sureau, p. 66.

comment ces droits spéciaux du Trésor prennent-ils fin ?

Pour le privilège sur le cautionnement, ils prennent fin par le remboursement du cautionnement. Lorsque le comptable a obtenu son *quitus*, le cautionnement est restitué à son propriétaire, et le Trésor, dépouillé de son gage, cesse de pouvoir exercer son privilège. C'est là une simple application des règles relatives aux droits du créancier gagiste.

Pour le privilège sur les biens des comptables, l'effet de l'inscription prise peut être annulé par une *mainlevée*. Il peut y avoir lieu à mainlevée dans deux hypothèses :

1° Lorsque le comptable a terminé sa gestion, que ses comptes ont été apurés, et que le *quitus* définitif lui a été délivré. La mainlevée est accordée par le préfet de la situation des biens, sur l'autorisation du ministre des finances, et transmise au conservateur des hypothèques qui opère la radiation de l'inscription du Trésor (1).

2° Lorsque le comptable désire aliéner un de ses immeubles grevés par le privilège du Trésor (2). Le comptable doit, à cet effet, faire la notification prévue par l'art. 2183 du Code civil au Trésor public. Alors de deux choses l'une : ou le comptable est déjà constitué redevable, et les agents du gouvernement devront poursuivre par toutes les voies de droit le recouvrement du débet; — ou le comptable n'est pas constitué

(1) Dumesnil et Pallain : § 279. Vergès : p. 192.
(2) Art. 8 et 9, loi 5 sept. 1807.

redevable, et alors le Trésor devra faire déposer au greffe, dans les trois mois, un certificat constatant la situation du comptable. Si ce certificat est négatif, ou si le Trésor public omet de le déposer, le comptable obtiendra du conservateur des hypothèques la radiation pure et simple des inscriptions prises contre lui, sans qu'il soit besoin de jugement.

CHAPITRE III

Quelle est l'étendue des droits garantis par le privilège du Trésor?

---

1. Position de la question et règles générales d'interprétation.
2. Indivisibilité du privilège du Trésor.
3. Interprétation restrictive qu'il convient de donner aux privilèges du Trésor.
I) *Quid* des taxes et droits perçus par des personnes morales autres que l'Etat ?
II) *Quid* des droits perçus au profit de l'Etat par une Régie financière et qui ne sont pas des impôts?
III) *Quid* des impôts d'Etat assimilés aux impôts privilégiés?
IV) *Quid* des accessoires de la créance d'impôts?
4. Nature des *droits* garantis. Le privilège ne s'applique pas aux amendes et autres pénalités.

1. — On peut remarquer, en lisant les différents textes de nos lois fiscales relatives aux privilèges du Trésor, que les lois emploient généralement des termes assez vagues pour désigner les créances du Trésor garanties par ces privilèges. « La Régie aura privilège et préférence à tous autres créanciers sur les meubles et effets mobiliers des comptables pour leur débets, et des redevables pour *les droits* », disent, par exemple, les textes relatifs au privilège de la Régie des Douanes,

et à celui des Contributions indirectes. La loi du 12 novembre 1808 énumérant les impôts garantis par le privilège, parle « des contributions mobilières, des portes et fenêtres, des patentes, et *toute autre contribution directe et personnelle* ». La loi du 22 frimaire an VII n'est pas plus explicite : « La Nation aura action sur le revenu des biens à déclarer pour le payement *des droits* dont il faudrait poursuivre le recouvrement, etc. »

Etant donné que nos diverses Régies financières sont chargées de poursuivre le recouvrement d'un grand nombre de droits différents : impôts, droits en sus, amendes, revenus domaniaux, taxes établies au profit de personnes morales autres que l'Etat, etc... et que la complexité des administrations financière va tous les jours croissant, ces textes imprécis devaient nécessairement devenir une source d'intarissables controverses. Pour chaque privilège du Trésor une discussion a été soulevée au sujet de l'étendue des droits qu'il garantit.

En rapprochant toutes les solutions particulières données à ce sujet par la doctrine et la jurisprudence, on peut arriver à dégager quelques idées générales qui paraissent régir la matière. Nous ramènerons à trois règles principales les principes d'interprétation applicables aux lois fiscales à ce point de vue :

Ces règles sont les suivantes :

a) Le privilège du Trésor est indivisible ;

b) Le privilège du Trésor est de droit étroit, et tous les textes y relatifs doivent être interprétés restrictement ;

c) Le privilège ne garantit pas indifféremment toutes les créances du fisc, mais seulement certaines créances d'une nature spéciale, désignées sous le terme générique de *droits*.

Reprenons successivement en les développant ces différents points.

2. — *a) Indivisibilité du privilège.* — L'indivisibilité est un des caractères distinctifs des privilèges et hypothèques; le privilège du Trésor ne saurait donc y faire exception. Il garantit chaque parcelle de la créance sur chaque parcelle des biens grevés, et la vieille formule classique dont à l'Ecole on définit l'hypothèque lui est applicable : « *Est tota in toto et tota in qualibet parte.* »

Une première conséquence de ce caractère, que nous avons déjà signalée en passant, est que le privilège continue à grever l'intégralité des biens du débiteur, tant que la dette de ce dernier n'est pas entièrement acquittée et quelque faible que soit la portion non encore versée.

Mais c'est en matière de droits de mutation que le principe d'indivisibilité a donné lieu aux applications les plus intéressantes.

L'action réelle de la Régie de l'Enregistrement garantissant les droits de mutation auxquels le décès du *de cujus* a donné ouverture, porte, aux termes de la loi de frimaire an VII, sur les revenus des biens à déclarer.

Il n'y a pas de difficultés lorsque ces revenus se trouvent perçus par le débiteur même des droits, mais il n'en est plus de même s'ils sont perçus par une autre personne, par un légataire d'usufruit par exemple, alors que c'est le nu-propriétaire qui doit acquitter les droits de mutation. Le Trésor pourra-t-il poursuivre l'usufruitier pour recouvrer sur les revenus qu'il perçoit les droits auxquels a donné ouverture la mutation de nue-propriété ?

Un arrêt de la Cour d'Aix a essayé de soutenir la négative, de poser en principe que l'action de la Régie à raison des droits dus par les légataires ne peut atteindre que les revenus des biens faisant l'objet du legs (1).

Mais l'arrêt d'Aix n'a pas fait jurisprudence. Il est en effet impossible d'admettre, étant donné le principe de l'indivisibilité, que le privilège du Trésor ne porte pas sur *tous* les revenus de la succession — en quelques mains qu'ils se trouvent, ainsi que nous le verrons plus loin — et qu'il ne garantisse pas *tous* les droits dûs au Trésor à raison du décès du *de cujus*. Plusieurs arrêts ont fixé en ce sens la jurisprudence (2), et décidé notamment que, dans l'hypothèse indiquée plus haut, la veuve usufruitière doit compte au Trésor des revenus des biens héréditaires, sauf son recours contre les héritiers de la nue-propriété, tous ces revenus étant affectés indistinctement par privilège au payement de *tous* les droits de mutation exigibles par suite du décès (3).

---

(1) Aix, 4 décembre 1890, *Laugier*, S. 91. 2. 97 et note de Naquet.

(2) Cass., 24 oct. 1814, S. 1820. 1. 280. — Amiens, 6 fév. 1874. *Paillat* et *Duthoit*. D. 74. 5. 212. — Pontoise, 27 avril 1882. *Verbach*. D. 82. 3. 111.

(3) Jug. Pontoise, précité.

3. — *b*) *Interprétation restrictive des privilèges.* — C'est un axiôme général du droit que les privilèges sont de droit étroit et ne peuvent être étendus par voie interprétative à d'autres hypothèses que celles expressément prévues par le législateur. Cette règle doit s'appliquer en matière fiscale avec une rigueur toute particulière, sous peine de voir les droits de l'Etat empiéter chaque jour sur ceux des citoyens, et le fisc opérer une véritable mainmise sur la propriété individuelle. Les lois spéciales confèrent au Trésor public des droits aussi larges qu'il peut être nécessaire, mais ces droits ne doivent pas être arbitrairement étendus en l'absence de toute décision législative.

Les Régies financières se sont naturellement efforcées, à la faveur de l'imprécision des textes, de donner aux privilèges du Trésor la plus grande extension possible. Elles ont soutenu notamment que ce privilège pouvait s'appliquer :

1° A la perception de taxes et de droits au profit du département, de la commune, etc.;

2° A la perception de droits domaniaux autres que des impôts ;

3° A la perception au profit de l'Etat d'impôts non prévus par le texte constitutif du privilège, mais assimilés aux impôts privilégiés.

C'est contre cette extension abusive qu'il faut réagir.

I. — Le privilège du Trésor peut-il garantir le recouvrement de droits ou de taxes au profit des départements, des communes, des associations syndicales et autres personnes morales ?

La question a été soulevée au sujet des octrois. Certaines décisions de jurisprudence ont étendu au recouvrement des droits d'octroi le privilège des Contributions indirectes pour les trois raisons suivantes :

1° Avant l'an XIII et lors de la promulgation de la loi du 1er germinal, les octrois étaient incorporés à la Régie des Contributions indirectes ;

2° Après l'an XIII cette incorporation devint de plus en plus complète et certaines dispositions de loi ont, prétend-on, identifié les deux droits de régie et d'octroi ; on cite notamment l'article 11 de la loi du 17 avril 1832 sur la contrainte par corps ;

3° Enfin, pendant longtemps le vingtième, puis le dixième du produit des octrois a été prélevé au profit du Trésor.

Aucun de ces arguments n'est probant. La prétendue confusion entre la régie et les octrois n'a jamais existé. Avant l'an XIII les octrois étaient régis et administrés par les municipalités sous la surveillance de la Régie (1). Postérieurement à l'an XIII la perception et le service des octrois furent réunis dans certains cas à ceux des Contributions indirectes, mais ces deux droits n'ont jamais été ni assimilés, ni confondus. Quant aux prélèvements perçus par l'Etat, — qui ont d'ailleurs cessé depuis le décret du 17 mars 1852, — (prélèvements destinés à indemniser le Trésor des pertes que l'établissement des taxes locales pouvait

(1) Cf. Loi 11 frimaire an VII. — Décret 5 germinal an XII. — Décret 8 fév. 1812. — Loi 8-13 sept. 1814.

causer à sa propre recette) ils n'ont jamais pu conférer aux octrois le caractère d'un impôt d'Etat (1). Bref, aucun argument valable ne peut justifier l'assimilation des taxes d'octroi à l'impôt des contributions indirectes. Et comme le privilège de la loi du 1er germinal an XIII a été créé pour garantir les droits dûs à la Régie des contributions indirectes, il est certain qu'il ne peut être étendu aux octrois (2).

De même il faut décider que le privilège des Douanes ne s'étend pas aux péages locaux que l'administration des douanes perçoit pour le compte de certaines villes. D'après l'article 11 de la loi du 30 janvier 1893, sur la marine marchande « ces péages sont assimilés aux droits de douane pour la forme des déclarations, le mode de perception et notamment le recouvrement par voie de contrainte, le mode de répression des contraventions, les règles de compétence et de procédure en cas de contestation sur l'application des tarifs ». Mais là s'arrête l'assimilation et le privilège des Douanes ne garantit pas leur recouvrement.

Une discussion analogue a été soulevée au sujet des taxes locales et du privilège des Contributions directes. Un arrêt du Tribunal de Lille a posé en principe qu'il fallait, sous peine de ne donner aucun sens à la loi du 12 novembre 1808, et de la laisser sans appli-

---

(1) Ducos : *Op. cit.* p. 65 sqq. — Dans le même sens : Guillouard : *Op. cit.* T. II § 569. Baudry-Lacantinerie et De Loynes : *Op. cit.* T. I § 663.

(2) En ce sens :
T. Seine 3 juillet 1888. *Journal des faillites*, 1888 p. 443.
T. Seine 12 mai 1894. *Gaz. Trib.*, 22 juillet 1894.

cation, comprendre parmi les contributions directes toutes les contributions ou taxes perçues au moyen d'un rôle nominatif et rendues exécutoires par la loi de finances (1). C'est le principe de l'extension indéfinie du privilège, que repousse avec raison la majorité de la jurisprudence (2). Toutefois, ce qui rend la discussion plus délicate, c'est que le gouvernement lui-même s'est quelquefois laissé entraîner dans le sens de l'extension. Deux décrets relatifs au dessèchement de marais dans la Gironde en date des 15 février 1811 et 21 février 1814, disposent que les percepteurs auront pour le recouvrement des taxes syndicales, les mêmes droits de contrainte, poursuite et privilège que pour les contributions directes. De plus, lors de la discussion de la loi du 21 juin 1865, sur les associations syndicales, le gouvernement déclara qu'il était inutile d'établir un privilège pour le recouvrement des taxes, attendu que l'existence du privilège était une conséquence de l'assimilation de ces taxes avec les impôts directs (3).

(1) Lille, 16 mars 1885; *Mémorial des percepteurs*, 1885, p. 207.
Dans le même sens: Gap, 3 mars 1882. *Gaz. des Trib.*, 5 avril 1882. — Cf. *Pandectes françaises*, v° impôts § 1265.

(2) Une série de décisions de la Cour de cassation refuse notamment de faire bénéficier la commune de Paris du privilège créé par la loi du 12 nov. 1808, pour le recouvrement des taxes de pavage et des droits de voierie qui sont, à Paris, assimilés aux contributions directes. (Décret du 27 octobre 1808).
Cass. 31 mai 1830; *Worms de Romilly;* S. 80. 1. 349. D. 80. 1. 271.
Cass. 26 mai 1888; *Ville de Paris : Mémorial des percepteurs*, 1888, p. 406.
Cass. 21 janv. 1891; *Ville de Paris : Mém. des percep.*, 1892, p. 247. S. 92. 1. 184. D. 92. 1. 47.

(3) *Monit. Off.* 21 mai 1865; séance de la Chambre du 20 mai.
L'art. 15 de la loi en question dispose simplement : « Le recouvrement (des taxes syndicales) est fait comme en matière de contributions directes. »

Quels que puissent être les arguments invoqués en faveur de l'extension du privilège aux taxes départementales ou autres, nous tenons ce système pour absolument inadmissible. Les privilèges du Trésor public ont été créés pour garantir les créances du Trésor, c'est-à-dire de l'Etat ; c'est là une vérité qui paraît naïve à force d'évidence. Les nécessités sociales qui ont fait édicter ces privilèges n'existent plus lorsqu'il s'agit du recouvrement de taxes locales. Les textes qui les ont institués l'ont fait fort expressément en faveur de nos Régies financières et non en faveur d'aucune autre administration. On ne saurait invoquer pour défendre la thèse contraire une soi-disant assimilation des taxes locales aux impôts d'Etat. Si une loi dispose par exemple que certaine taxe déterminée sera recouvrée comme les contributions directes, il n'y a là qu'une indication donnée au sujet de la confection des rôles et de leur recouvrement, mais qui ne préjuge rien quant à l'existence d'un privilège. Qu'un décret ou une loi spéciale déroge à la règle et institue un privilège au profit d'une association syndicale qui lui paraît digne de cette faveur, c'est une exception devant laquelle il faut s'incliner, mais qui n'infirme en rien la théorie générale (1). Le principe de l'interprétation restrictive des lois fiscales s'oppose à ce que les

(1) On peut d'ailleurs argumenter *a contrario* des deux décrets qui étendent le privilège des Contributions directes au recouvrement de taxes syndicales, et dire que si un texte a été nécessaire pour réaliser cette extension, c'est qu'elle n'existait pas de plein droit. — On pourrait encore invoquer le texte de l'article 4 de la loi du 17 juillet 1856, sur le drainage. Cette loi dispose que l'Etat prêtera une somme de 100 millions à des syndicats chargés d'effectuer des travaux de drainage. Pour le recouvrement des sommes prêtées rem-

privilèges du Trésor garantissent d'autres créances que celles du Trésor (1).

II. — Le privilège du Trésor peut-il garantir d'autres créances d'Etat que les impôts, lorsque leur recouvrement est confié à l'une des Régies financières ?

Cette question se pose spécialement pour la Régie des Contributions indirectes. Cette administration est chargée de percevoir pour le compte de l'Etat un certain nombre de revenus domaniaux qui n'ont pas le caractère d'impôts, tels que :

1° Le revenu des bacs et passages d'eau (LL. 6 frimaire an VII et 14 floréal an X);

2° Le fermage de la pêche et de la chasse sur les cours d'eau ;

3° Le produit des francs bords, redevances pour prises d'eau et permission d'usine dans les fleuves navigables et flottables (D., 25 mars 1863 ; arr. minist., 15 mai 1863);

---

boursables par annuités, le Trésor jouit d'un privilège spécial immobilier sur les revenus des terrains drainés, qui prend rang après les privilèges garantissant les contributions publiques (art. 3). Ce privilège est étendu (art. 4) aux syndicats pour le recouvrement des taxes d'entretien, lesquelles taxes *sont recouvrées de la même manière que les contributions directes.*

Si ce texte juge nécessaire de créer un privilège spécial en faveur des syndicats de drainage, c'est bien évidemment que ces syndicats ne jouissaient pas pour le recouvrement de leurs taxes du privilège des contributions directes. Il doit donc en être de même de tous syndicats et personnes morales autres que l'Etat.

(1) Quant à l'argument tiré des déclarations du gouvernement lors de la discussion de la loi du 21 juin 1865, est-il besoin de dire qu'il n'a aucune valeur ? — Le texte de la loi n'a pas reproduit la théorie gouvernementale ; celle-ci reste une opinion propre à son auteur, et c'est une opinion manifestement erronée. Un ministre peut parfois ignorer le droit.

4° Le remboursement des frais d'argue pour le tirage des lingots en fil lorsque les argues nationales fonctionnent (1).

La loi relative aux Contributions indirectes disant simplement que le Trésor est privilégié sur les biens des redevables pour les *droits*, on pourrait être tenté d'étendre le privilège à ces différents *droits* du Trésor. Mais ce serait une erreur manifeste. Le mot *droits* dans le texte précité est synonyme d'*impôts*. L'ensemble des privilèges du Trésor garantit le recouvrement des impôts, mais non celui des droits domaniaux de l'Etat. Or, c'est en qualité de propriétaire que l'Etat perçoit les différents revenus énumérés ci-dessus ; en cette qualité il est soumis au droit commun et ne peut invoquer d'autre privilège que celui de l'article 2102, 1° du Code civil.

III. — Enfin la troisième conséquence du principe de l'interprétation rectrictive des privilèges fiscaux devrait être que les privilèges du Trésor garantissent seulement le recouvrement des impôts prévus par le législateur, et non celui des impôts postérieurement établis, à moins qu'un texte formel n'opère l'extension du privilège. Cependant nous reconnaissons que cette opinion, qui a contre elle aujourd'hui à peu près l'unanimité de la doctrine et de la jurisprudence, n'est guère soutenable et que les nécessités pratiques aussi bien que les considérations tirées de l'utilité sociale des privilèges justifient une dérogation aux principes.

Le mot dérogation est lui-même trop fort, car il

(1) Sureau : *Op. cit.*, p. 72.

n'existe aujourd'hui que deux hypothèses pour lesquelles cette extension est admise : l'hypothèse des taxes assimilées et celle de la contribution sur la propriété bâtie. Or, pour l'une comme pour l'autre, on peut, en s'appuyant sur les textes, soutenir qu'il n'y a pas véritablement dérogation aux principes. Si nous prenons comme exemple concret le texte de la loi du 12 novembre 1808, qui dispose que le privilège s'appliquera au recouvrement des contributions mobilières, patentes, portes et fenêtres et toute autre contribution *directe et personnelle*, nous pourrons admettre que ces derniers mots ont été placés intentionnellement dans la loi pour permettre l'extension du privilège aux contributions créées postérieurement. Tout le monde admet effectivement aujourd'hui que ce privilège garantit la taxe sur les chevaux, mules et mulets, sur les vélocipèdes, sur les billards, la taxe militaire, etc... et autres impôts inconnus du législateur de 1808. Il est certain que cette assimilation est bien dans l'esprit de la loi, qu'elle est utile en pratique, et qu'elle est justifiée par toutes les considérations d'ordre social que nous avons précédemment énumérées en faveur des privilèges du Trésor. Sur ce point nous considérons donc la discussion comme close et croyons inutile d'insister (1). De même si nous avons admis que le privilège de la contribution foncière garantit le recouvrement de l'impôt sur la propriété bâtie, c'est parce que cet impôt nous est apparu comme une simple modification d'un impôt privilégié antérieurement établi et non comme

(1) En ce sens : Durieu, *Op. cit.* sur l'art. 11, §§ 50-54, t. I, p 186 sqq.

un impôt nouveau. Ici encore il n'y a donc pas dérogation aux principes.

IV. — Enfin, ce n'est pas enfreindre le principe de l'interprétation restrictive que d'étendre le privilège qui garantit une créance aux accessoires de cette créance qui font en quelque sorte corps avec elle.

En vertu de cette règle, le privilège du Trésor public pour le recouvrement des impôts s'étend aux frais dûment taxés que peut nécessiter ce recouvrement (1). Les frais d'expertise nés à l'occasion de la contribution foncière et mis à la charge des contribuables sont pareillement privilégiés (2).

Les centimes additionnels perçus au profit de l'Etat devront aussi être considérés comme un accessoire de l'impôt et garantis par le même privilège que celui-ci. Ces centimes calculés au marc le franc des contributions et imposés en sus du principal de chacune des contributions directes, constituent un accroissement du principal de l'impôt et forment un tout avec ce principal. On peut donc dire qu'en vertu du principe d'indivisibilité le privilège doit garantir l'intégralité de la créance, principal et accessoire.

4. — *a) Nature des droits garantis*. — Les privilèges fiscaux, avons-nous dit, ne garantissent pas indifféremment toutes les créances du Trésor, mais

---

(1) Règlement du 21 déc. 1839, art. 12. Cf. *Pandectes françaises*, v° *impôts*, § 1260. — Ces frais peuvent être également privilégiés en qualité de frais de justice.

(2) Loi 2 messidor an VII, art. 225. — Besançon, 7 déc. 1898 ; D., 1900, 2, 233.

seulement celles d'une certaine nature que l'on comprend sous la désignation générique de *droits*. Que faut-il entendre par ce mot de *droits*? A quelle catégorie de créances s'oppose-t-il?

Certains auteurs prennent ce mot comme synonyme d'impôts. C'est un sens exact, mais peut être trop restrictif. A notre avis la créance du Trésor à raison des frais de justice ou à raison des débets d'un comptable, étant privilégiée, mérite d'être appelée une créance de *droits*. Le vrai sens du mot se trouve indiqué dans la loi sur l'enregistrement du 22 frimaire an VII. Le titre V de la loi a pour rubrique : « du payement des droits et de ceux qui doivent les acquitter », et le titre VI « des peines pour défaut d'enregistrement des actes, etc... » Les deux mots de *droits* et de *peines* se font opposition et s'expliquent l'un par l'autre. — Est une peine toute somme perçue à titre de pénalité, de répression d'une infraction commise par le débiteur du Trésor. — Constitue un *droit* au contraire toute créance qui n'a pas ce caractère pénal, et qui résulte soit de la loi (impôts), soit d'une avance de fonds faite par le Trésor (frais de justice, privilège sur le cautionnement des inculpés mis en liberté provisoire), soit du défaut de payement par un débiteur du Trésor (privilège sur les biens des comptables, privilège sur le cautionnement).

Or, c'est un principe général de notre droit fiscal, que les privilèges du Trésor garantissent le recouvrement des *droits* à l'exclusion des pénalités. Les pénalités naissent, il est vrai, à l'occasion des impôts, mais elles en diffèrent essentiellement par leur nature propre, de sorte qu'il n'y a entre ces deux espèces de créances que des relations de cause à effet ; qu'il n'existe entre elles aucune autre similitude justifiant l'extension du privilège de l'une à l'autre. D'ailleurs le recouvrement des pénalités est digne de beaucoup moins d'intérêt et nécessite beaucoup moins de garanties que le recouvrement des droits, car il n'importe pas autant à l'équilibre du budget; et le défaut de paiement des sommes dûes à titres de peines ne crée pas un déficit dans les Caisses du Trésor, puisque ces sommes ne figurent pas au chapitre des recettes dans les prévisions budgétaires.

Le principe que nous venons d'énoncer comporte cependant deux exceptions certaines, et est assez fortement discuté dans quelques autres hypothèses.

La première exception est relative à l'impôt du timbre. « Le recouvrement des droits du timbre et des amendes de contravention y relatives sera poursuivie par voie de contrainte », dit l'article 76 de la loi du 28 avril 1816, et le même texte ajoute *in fine* « les dits droits jouiront... du privilège des Contributions directes. »

Aucun doute ne peut subsister devant la précision de ce texte : les amendes pour timbre sont garanties par le même privilège que les droits eux mêmes. Mais il faut entendre par là les amendes *fiscales* à l'exclusion de celles qui sont prononcées par les Tribunaux correctionnels, à l'occasion de délits relatifs au timbre. On appelle généralement celles-ci *amendes pénales* et celles-là *amendes civiles*. Les premières dépendent de la législation pénale, et les secondes de la législation fiscale. Ce sont ces dernières seules qu'a voulu viser le législateur de 1816 en parlant des « droits et amendes en matière de timbre ».

La seconde exception est relative au privilège des douanes.

La loi des 6-22 août 1791 n'avait accordé un privilège à la Régie des Douanes que pour les *droits* qu'elle pouvait percevoir sur les redevables. La loi du 4 germinal an II s'est écartée de cette règle si conforme cependant aux principes généraux du droit et a disposé dans son article 4 que « la République est préférée à tous créanciers pour droits, *confiscations* (1), *amendes* et restitutions ».

Ces deux exceptions sont justifiées par la nécessité de réprimer énergiquement la fraude, particulièrement facile et dangereuse en matière de timbre et de douanes, et d'intimider les contrevenants. Mais ce ne sont bien que des exceptions, car pour tous les autres privilèges du Trésor le principe de la non-extension du privilège aux pénalités a triomphé. Si des discussions se sont élevées, elles ont été provoquées par le caractère ambigu de certaines pénalités qui tiennent à la fois des droits et des peines proprement dites (droits en sus, doubles droits, etc...)

C'est ainsi que la doctrine et la jurisprudence s'accordent pour décider que le privilège des frais de justice garantit les frais de toute nature, y compris

---

(1) C'est-à-dire pour les sommes représentant la valeur des marchandises sujettes à la confiscation, lorsque mainlevée de cette confiscation a été accordée au contrevenant.

ceux d'extradition, mais ne s'applique pas au recouvrement des amendes prononcées contre le condamné (1).

— Le privilège sur les biens des comptables ne garantit que les débets résultant de *faits de charge*, à l'exclusion des amendes prononcées contre le comptable par la Cour des Comptes (2).

— Il en est de même du privilège du Trésor sur le cautionnement des comptables (3).

— De même pour les amendes prononcées au profit de la Régie des Contributions indirectes (4). Toutefois une légère difficulté s'est élevée au sujet de l'étendue

---

(1) Troplong : *op. cit.* t. I § 95 *ter*.
Pont : *op. cit.* t. II § 45.
Aubry et Rau : *op. cit.* t. III § 263 *bis*.
Baudry Lacantinerie et de Loynes : *op. cit.* t. I p. 677.
Guillouard : *op. cit.* t. II § 600.
Cass. 9 mai 1816. — S. 17. 1. 53.
C. Besançon 30 août 1856. — D. 57. 2. 51.
Metz, 28 fév. 1856. *Metzger*. S. 56. 2. 321. — D. 57. 2. 49.

(2) Du Boys : *op. cit.* p. 260.

(3) Dumesnil et Pallain : § 182.
Ces auteurs rapportent une série de décisions jurisprudentielles concernant, non point des comptables, mais d'autres fonctionnaires assujettis à l'obligation du cautionnement; ces décisions n'en sont pas moins intéressantes pour nous parce qu'elles sont une application du même principe.
Jugé notamment :
Que les créanciers d'un agent de change pour fait de charge sont privilégiés sur son cautionnement et priment la créance du Trésor pour le recouvrement des amendes prononcées contre cet officier ministériel (Cass. 7 mai 1816, S. 17. 1. 55).
— Que le Trésor n'a pas de privilège pour le recouvrement d'une amende prononcée contre un notaire pour crime de faux (Cass. 26 juillet 1858. — D. 58. 1, 409).
— Que la Régie n'a pas privilège sur le cautionnement d'un notaire pour recouvrement des doubles droits d'enregistrement, (Seine 26 avril 1850. — D. 50. 3. 47), etc.

(4) *Pandectes françaises*, v° *impôts* § 7353.

du privilège dont jouit cette dernière administration. A côté des amendes proprement dites, la régie impose parfois aux redevables le payement de doubles ou triples droits (1). Par exemple un particulier qui fait circuler sous acquit des boissons hygiéniques est passible, s'il ne fait pas décharger l'acquit et ne rapporte pas le certificat de décharge d'un droit égal au double de la taxe de circulation. — Les commerçants ou dépositaires d'alcool qui n'en ont pas fait la déclaration au moment opportun sont frappés d'un triple droit. Quel est le caractère des sommes ainsi perçues par la Régie? Sont-ce des droits ou des pénalités?

Ce sont à la fois des droits et des pénalités. Le double droit infligé à un redevable se décompose en deux éléments : d'une part l'impôt, le droit de circulation dans l'espèce précitée, et d'autre part une amende égale au montant de cet impôt. Cette définition des droits multiples se trouve d'ailleurs indiquée dans l'article 17 de la loi du 29 décembre 1900 frappant d'un triple droit les commerçants et dépositaires d'alcool qui n'en ont pas fait la déclaration au moment de la mise en vigueur de la loi « Toute quantité qui n'aura pas été déclarée, dit ce texte, donnera lieu, *en sus*, au paiement d'une *amende* égale au double des taxes exigibles. »

Les droits multiples s'analysant en définitive comme des amendes superposés à des droits, il faut décider que le privilège ne garantit que la portion de ces droits

(1) V° L. 29 décembre 1900 sur le régime des boissons (art. 2 § 1 et 17 § 3).

multiples qui représente l'impôt. La portion en sus n'est pas privilégiée (1).

Une controverse analogue à la précedente a été soulevée au sujet du paiement des droits et demi-droits en sus à l'Administration de l'Enregistrement, en dépit de la précision du texte de la loi du 22 frimaire an VII (art. 39) qui prend soin, en créant ces droits supplémentaires, de les qualifier de *peines* et d'*amendes* (2), en dépit également de l'intitulé du titre VI de la loi dans lequel se trouve placé cet article : « Des peines pour défaut de paiement, etc... » faisant opposition à l'intitulé du titre V qui contient l'art. 32 : « Du paiement des *droits*, et de ceux qui doivent les acquitter ». En face de dispositions aussi précises, la thèse de l'extension du privilège paraît bien inadmissible, et comme elle repose sur un nombre d'arguments extrêmement limité, qu'elle a été maintes fois analysée et réfutée (3), nous ne nous appesantirons pas sur ce long conflit jurisprudentiel (4).

---

(1) Jugé que le second droit exigé pour non rapport du certificat de décharge d'un acquit à caution ayant le caractère d'une amende, l'Administration ne peut en réclamer le payement par privilège. (Rouen, 4 février 1887; *Journal des Cont. ind.* 1893, p. 227).

(2) Voici le texte :

ART. 39. — Les héritiers, donataires ou légataires qui n'auront pas fait, dans les délais prescrits, les déclarations des biens à eux transmis par décès, payeront *à titre d'amende* un demi droit en sus du droit qui sera dû pour la mutation.

La *peine* pour les omissions qui seront reconnues avoir été faites dans les déclarations, sera d'un droit en sus de celui qui se trouvera dû pour les objets omis.

(3) Voyez notamment une note remarquable de M. Wahl dans Sirey, 92. 2. 265, et dans la *Revue critique* 1893 p. 151.

(4) Voyez, dans le sens de l'extension du privilège :
Demante : *Droits d'Enregist.* t. II, p. 668.
Garnier : *Rep. gén. de l'Enregist.* t. V, V° *successions* n° 16872.

Pour ne pas heurter de front les principes traditionnels de notre droit fiscal, les partisans de l'extension du privilège ont tenté de soutenir que le droit en sus n'était pas une peine, mais bien une *réparation civile* imposée au redevable à titre de compensation du préjudice qu'il a causé au Trésor en n'exécutant pas les prescriptions de la loi fiscale (1). « Un pareil argument, dit M. Wahl, paraîtra certainement un peu puéril. La Régie ne fait pas à raison d'une omission existant dans une déclaration de succession une perte exigeant, comme compensation, le doublement du droit. Au surplus on ne niera pas que les amendes ne soient des pénalités; or les textes assimilent constamment le droit en sus aux amendes (2) ».

D'autres auteurs tiennent ce raisonnement étrange

Dict. des droits d'Enregist. t. V. V° *successions* n° 2302.
Cabanis : *Th. doct.* p. 214.
C. Bordeaux, 16 janvier 1891, *Poulain.* — S. 92. 2. 265. — D. 92. 2. 512.
Gannat, 28 janv. 1876 : *Rép.* de *Garnier* 1876, 4400.
Brioudes, 29 nov. 1876 : *Ibid.* 1877, 4608.
Dijon, 22 août 1881 : *Ibid.* 1881, n° 5842.
Seine, 26 déc. 1894 : *Ibid.* 1895, 8530.
Toulon, 19 déc. 1899. — S. 1901. 2. 85.
Contra :
Baudry-Lacantinerie et De Loynes : t. I § 659.
Guillouard : t. II, § 574.
Wahl : *loc. cit.*
Testoud : *Rev. crit.* 1891 p. 274.
Vergès : *Th. doct.* p. 132.
Sureau : *Th. doct.* p. 156.
Boulogne : 20 mars 1885; *Watel.* — D. 85. 5. 218.
Caen : 24 janv. 1888. *Enregist.* — S. 90. 2. 193. — D. 88. 2. 178.
Lyon : 23 juillet 1890, *Girard.* — S. 91. 2. 170. — D. 91. 3. 64.
Pontoise : 15 janv. 1894. *Rép. Garnier*, 8429.
(1) Bordeaux : 16 juin 1891. précité.
(2) *Loc. cit.*

« que le texte de l'article 32 n'est pas absolument clair snr ce point; et que le caractère personnel des amendes et des peines, incontestable sans doute, doit disparaître devant la volonté contraire du législateur. Or cette volonté résulte expressément de l'avis du Conseil d'Etat des 4-21 septembre 1810...» (1)

Or si l'on se reporte à l'avis du Conseil d'Etat en question, on trouve qu'il ne tranche nullement la question. On avait demandé au Conseil d'Etat « si le droit et le demi droit en sus, dont la peine est prononcée par l'article 39 de la loi du 22 frimaire an VII, pouvaient être exigés des tiers acquéreurs lorsqu'ils n'ont pas été acquittés par les héritiers, légataires ou donataires?». C'était une question relative au droit de suite, par conséquent. Et le Conseil d'Etat répondit qu'à son avis l'action réelle de l'article 32 ne pouvait pas être intentée contre les tiers acquéreurs, « ni pour le droit principal dû à cause des mutations par décès, ni conséquemment pour le droit et le demi droit en sus ». On voit combien il faut torturer le texte et fausser l'esprit de cette décision pour lui faire dire que le privilège des droits de mutation par décès garantit le recouvrement du droit et demi droit en sus.

L'argument péremptoire qui à notre avis tranche la discussion est celui que M. Wahl a très bien mis en lumière. L'article 32 de la loi de frimaire confère au Trésor une action privilégiée pour le recouvrement des *droits* auxquels donnent ouverture les mutations par décès. Or qu'est-ce que la loi entend par ce mot de

(1) Cabanis, *Loc. cit.*

droits. Elle nous le dit elle-même puisqu'elle oppose aux *droits* (tit. V), les *peines* (tit. VI), et qu'elle classe parmi les peines les droits et demi droits en sus. Il est véritablement impossible d'être plus explicite, et nous voyons dans le texte de cette loi de frimaire an VII une confirmation remarquable du principe général posé au début de cet alinéa : les privilèges du Trésor ne garantissent que le recouvrement des *droits*, à l'exclusion des *pénalités*.

DEUXIÈME PARTIE

Des effets des privilèges du Trésor

CHAPITRE PREMIER

Effets généraux des privilèges du Trésor

1. Effets des privilèges : droit de préférence et droit de suite.

Section I. — Droit de préférence.

2. Les privilèges du Trésor sont-ils opposables aux tiers ayant des droits antérieurement acquis ?
3. Particularités relatives à la faillite du débiteur.
4. Conservation du droit de préférence.

Section II. — Droit de suite.

5. Existe-t-il un droit de suite sur les meubles ?

1. — « Le privilège, dit l'art. 2095 C. Civ., est un droit que la qualité de la créance donne à un créancier d'être préféré aux autres créanciers, même hypothécaires ». Le privilège engendre donc un droit de préférence en vertu duquel le créancier privilégié est payé avant tous les autres. Il est en outre armé, ainsi que l'hypothèque, quand il porte sur les immeubles, d'un droit de suite, qui permet au créancier de poursuivre la réalisation de son gage entre les mains des tiers.

Droit de préférence et droit de suite, tels sont les deux attributs généraux de tous les privilèges, dont nous avons à faire une étude spéciale en ce qui concerne les privilèges du Trésor public.

Nous aurons deux points principaux à examiner successivement, savoir :

1° Les privilèges du Trésor sont-ils véritablement armés d'un droit de préférence?

2° Le droit de suite des privilèges du Trésor porte-t-il seulement sur les immeubles ou sur les immeubles et les meubles?

L'étude de ces deux points se rattache évidemment à la théorie générale de la nature juridique des privilèges, théorie difficile s'il en fut et que nous n'avons pas l'intention d'aborder, parce qu'elle sort du cadre de notre sujet. La notion de privilège est fort complexe et fort confuse dans la doctrine moderne, comme le fait très bien remarquer M. Planiol (1) et les auteurs ne s'accordent pas sur l'étendue des droits que comporte le privilège.

La définition que nous avons donnée, est si l'on

---

(1) Autant la notion de privilège était simple en droit romain, autant elle est devenue incertaine et confuse dans le droit moderne. On a réuni sous ce nom unique des choses fort diverses, si bien qu'il est impossible aujourd'hui de donner du privilège une théorie qui se tienne et qui ait de l'unité, si on ne procède pas par voie d'analyse, si on ne fait pas un triage de cet écheveau embrouillé qui est le produit de multiples transformations (Planiol, *op. cit.*, § 2542 t. II).

peut dire, la plus classique, la plus traditionnelle. Elle fait du privilège un droit réel qui prend place à côté de l'hypothèque. Mais on peut lui opposer d'autres conceptions, notamment celle de M. Planiol. Pour cet auteur, le privilège n'est pas un droit réel; il n'y a de droits réels que ceux qui permettent à une personne de faire sur une chose des actes de maître. Il ne peut être qu'un droit de priorité entre créanciers, un simple tour de faveur dans la répartition du prix. C'est comme on le voit, un retour à la théorie romaine. Dans ce système, il n'y a de véritables privilèges que ceux que le Code nomme privilèges généraux mobiliers. Les privilèges spéciaux immobiliers ne sont pas autre chose que des hypothèques privilégiées, c'est-à-dire jouissant d'un tour de faveur. Quant aux soi-disant privilèges spéciaux mobiliers, c'est un assemblage confus de droits de nature variée (1).

Si on adopte cette dernière théorie, il est naturellement impossible de soutenir que les privilèges mobiliers peuvent être armés du droit de suite.

Section I

Droit de préférence

2. — Le propre du droit de préférence est de permettre au créancier qui en jouit d'être payé avant tous les autres créanciers — créanciers chirographaires, créanciers hypothécaires, créanciers privilégiés d'un

---

(1) *Op. cit.*, § 2544, 2548.

rang inférieur au sien — quelles que soient les dates de leurs créances respectives. Tout créancier privilégié jouit de ce droit. On a cependant contesté que le privilège du Trésor pût produire cet effet.

L'article 2098 C. civ. dispose que : « Le privilège à raison du Trésor royal et l'ordre dans lequel il s'exerce sont réglés par les lois qui les concernent. Le Trésor royal ne peut cependant obtenir de privilèges au préjudice des droits antérieurement acquis à des tiers. » Les deux alinéas de cet article paraissent contradictoires. Par le premier, le législateur renvoie aux lois fiscales quant aux règles qui concernent le rang des privilèges du Trésor. (Le rang conféré par ces lois, nous le verrons plus loin, est toujours un rang de faveur). Par le second, il dispose que ces privilèges ne pourront en aucun cas préjudicier aux droits acquis antérieurement à des tiers, ce qui équivaut, si on prend le texte à la lettre, à annuler ces lois spéciales auxquelles il vient de renvoyer.

Deux systèmes différents entre lesquels se partagent la doctrine et la jurisprudence ont été proposés pour interpréter ce texte.

I. — Suivant une première opinion, le § 2 de l'article 2098 signifierait simplement que le Trésor public ne peut obtenir de privilèges, par suite de la promulgation de lois spéciales, au préjudice des droits acquis à des tiers antérieurement à la promulgation de ces lois. Ce serait une simple application du principe de non-rétroactivité des lois établi par l'art. 2 du Code civil. On argumente en faveur de ce système du mot *obtenir* employé dans l'article 2098 ; on ne peut dire que le Trésor *obtient* un privilège que lorsqu'un privilège nouveau est créé en sa faveur par une loi; le mot *obtenir* contient implicitement l'idée de promulgation d'une loi nouvelle, de création d'une sûreté nouvelle (1). Il ne faut pas se dissimuler que cet argument grammatical est singulièrement fragile, car la recherche du mot propre n'est malheureusement pas le principal souci du législateur. Dans la pensée de ce dernier, le mot *obtenir* a pu avoir le sens qu'on lui prête, mais il a pu également en avoir un tout différent. La seule et véritable raison qui a donné naissance à ce système est évidemment le désir d'échapper au système contraire et à ses conséquences.

II. — Le second système, au lieu de supposer ce rappel assez improbable de l'article 2 du Code civil, prend à la lettre le texte de l'article 2098 et en conclut que tous les privilèges du Trésor seront primés par les droits acquis à des tiers antérieurement à la créance de l'Etat. La meilleure preuve de la justesse de cette théorie, nous dit-on, est fournie par les deux lois du 5 septembre 1807, qui en font une

---

(1) En ce sens :
Laurent : *Op. cit.*, t. XXIX, § 320.
Troplong : *Op. cit.*, t. I, § 90.
Pont : *Op. cit.*, t. I, § 29.
Guillouard : *Op. cit.*, t. II, § 555.
Baudry-Lacantinerie : *Précis de droit civil*, t. III, § 1065.
Dalloz : *Rép.* v° *privilèges et hypothèques*, § 534.
Dalloz : *Supp. au Rép.*, même article, § 285.
Ducos : *Th. doct.*, p. 54.
Paris, 4 mars 1839. — D. *Rép. loc. cit.*
Cass., 2 décembre 1862. — S. 63. I. 97. — D. 62. I. 513.
Pau, 13 mai 1896. — S. 96. 2. 212.

application. Le privilège sur les biens des comptables est primé par les hypothèques dont peuvent être munis les créanciers du précédent propriétaire (art. 5, 3°). De même le privilège des frais de justice, aux termes mêmes de l'article 4 de la loi, est primé par les hypothèques antérieures au mandat d'arrêt ou au jugement de condamnation. De ces deux exemples particuliers on peut conclure en thèse générale que le privilège du fisc est primé par tous les créanciers antérieurs en date lorsque ceux-ci ont sur la chose un *droit acquis* (privilège, hypothèque, droit de rétention, gage, servitude, etc.) (1).

III. — Ainsi qu'il arrive généralement lorsqu'il existe sur une question une controverse insoluble et menaçant de s'éterniser, les deux adversaires invoquent l'un et l'autre en leur faveur les travaux préparatoires du Code civil, et recherchent dans quelles conditions l'article 2098 a été rédigé.

L'article 2098 est né à la suite d'une discussion sur le projet d'article 13 du chapitre des privilèges et hypothèques, qui devait devenir l'article 2104 du Code civil, discussion dont nous avons déjà eu l'occasion de parler précédemment (2).

---

(1) En ce sens :
Aubry et Rau : *Op. cit.*, t. III, § 263 *bis*, note 30.
Colmet de Santerre : *Op. cit.*, t. IX, § 8 et 8 *bis*.
Baudry-Lacantinerie et de Loynes, t. I, § 648.
Cass., 6 mai 1816. — S. 1816, I, 186.
Amiens, 18 novembre 1854. — S. 55. 2. 47. — D. 57. 5. 142.
Cass., 16 mai 1888. — D. 88. 1. 354.
Cass., 30 avril 1889. — S. 90. 1. 289.
(2) Voyez *Supra*. — P. I, ch. II, § 4.

Le projet d'article 2104 rangeait parmi les privilèges généraux sur les meubles et les immeubles le privilège sur les biens des comptables. Lorsque ce projet fut présenté à la séance du Conseil d'Etat du 3 ventôse an XII, par M. Treilhard, une vive discussion s'éleva sur l'étendue qu'il convenait de donner à ce dernier privilège. Un des conseillers d'Etat, M. Defermon, voulait que ce privilège s'étendît même sur les immeubles acquis par le comptable antérieurement à sa nomination. M. Tronchet lui objecta que cela était impossible, le privilège en question étant fondé uniquement sur une présomption de malversation du comptable et d'achat de l'immeuble au moyen des deniers détournés au Trésor, présomption qui ne pouvait évidemment pas s'appliquer aux immeubles acquis antérieurement à la nomination. M. Cambacérès proposa alors d'ajouter à l'article 11 précédemment adopté (1) un second alinéa pour dire que les privilèges du Trésor ne pourraient détruire ceux qui existaient antérieurement à la gestion du comptable (2).

Ces délibérations eurent pour résultat :

1° Que le privilège sur les biens des comptables fut retranché de l'art. 2104 C. civ. pour être réglementé, comme tous les privilèges du Trésor, par une loi spéciale.

---

(1) L'article 11 était ainsi rédigé :

« Le privilège à raison des contributions publiques et l'ordre dans lequel il s'exerce seront réglés par les lois qui les concernent. »

Lors de la discussion, sur proposition de M. Defermon, la disposition de cet article fut généralisée et étendue à tous les privilèges du Trésor.

(2) Fenet : *Trav. prép.*, t. XV, p. 328, 356.

2° Que la disposition relative au privilège sur les biens des comptables adoptée sur la proposition de Cambacérès et imprudemment généralisée donna naissance à l'art. 2098 § 2.

Tels sont les travaux préparatoires, et il estévidemment aussi facile d'en tirer argument dans un sens que dans l'autre. Pour les uns la disposition finale de l'art. 2098 n'étant destinée à s'appliquer qu'aux biens des comptables, et étant d'ailleurs reproduite dans la loi spéciale du 5 septembre 1807, il faut adopter pour tous les autres privilèges du Trésor la première théorie que nous avons exposée (1). Pour les autres, l'intention du législateur ayant bien été de faire primer ce privilège des comptables par les droits acquis antérieurement à des tiers, et cette disposition particulière ayant été généralisée, il y a lieu d'adopter la deuxième théorie (2).

A notre avis les travaux préparatoires ne jettent aucune lumière sur la question, et loin de fortifier l'un des deux systèmes que nous avons exposés, ils tendraient bien plutôt à les condamner tous les deux. — D'une part en effet, la discussion du Conseil d'Etat prouve jusqu'à l'évidence que le législateur en rédigeant l'art. 2098 n'a pas songé à faire une application du principe de non rétroactivité des lois. Le système qui interprète en ce sens le texte de l'article 2098 est manifestement un système artificiel, arbitraire, ne reposant sur rien et construit pour les besoins de la cause.

(1) Sureau : *Th. doct.*, p. 22, sqq.
(2) Vergès : *Th. doct.*, p. 36, sqq.

D'autre part, ces mêmes travaux préparatoires renversent également le second système, puisque ce dernier veut généraliser et appliquer à tous les privilèges du Trésor une exception relative au seul privilège sur les biens des comptables et qui se trouve d'ailleurs écrite en toutes lettres dans l'article 5 de la loi du 5 septembre 1807.

Comment expliquer alors la rédaction de l'art. 2098, 2°? De la manière dont il faut expliquer malheureusement beaucoup de textes obscurs de notre législation : par une distraction, une erreur ou une faute du législateur, qui a dit à peu près le contraire de sa pensée, et rédigé un texte inintelligible impossible à interpréter raisonnablement. Tout argument basé sur un semblable texte ne saurait avoir qu'une valeur presque nulle, et pour bien aborder le problème, il est nécessaire de mettre de côté l'article 2098, 2° (1).

(1) Nous pouvons citer en ce sens l'explication très fine que donne M. Planol de l'article 2098 : « Les privilèges du Trésor, dit-il, s'établissent sur les biens qui sont acquis à titre onéreux par le comptable pendant sa gestion (L. 5 sept. 1807 art. 4). Au moment où ils lui arrivent, ces biens sont ordinairement *grevés déjà d'hypothèques ou de privilèges*. Il eût été injuste de donner au Trésor un rang de privilège qui l'eût rendu préférable aux particuliers auxquels l'immeuble était déjà affecté comme gage. Les auteurs du Code s'en rendaient parfaitement compte comme le montre la discussion très claire qui s'engagea sur ce point. Cambacérès fit observer que si le Trésor devait avoir ses sûretés, il ne fallait point les lui donner aux dépens des tiers et qu'il était nécessaire de dire que les privilèges du Trésor « ne pourront détruire ceux qui existaient antérieurement à la gestion du comptable » (Fenet, XV p. 357). Ce fut à la suite de cette observation que l'article 2098 fut inscrit dans le Code. On peut donc considérer le sens de cet article comme certain : il signifie que le privilège du Trésor s'interpose dans la série des hypothèques entre celles qui dérivent du précédent propriétaire et celles qui viendront frapper l'immeuble du chef du comptable. L'Etat se laisse primer par

Cette question préjudicielle résolue, auquel des deux systèmes en présence devons-nous donner la préférence? Devons-nous admettre que les privilèges du Trésor puissent ou non préjudicier aux droits antérieurement acquis à des tiers! Nous croyons qu'il faut, pour répondre à cette question, distinguer les privilèges mobiliers des privilèges immobiliers, et chercher quels sont les créanciers ayant des *droits acquis* sur chacune de ces deux catégories de biens avec lesquels le Trésor peut se trouver en concurrence.

Sur les meubles, le Trésor ne peut venir en concurrence qu'avec des créanciers chirographaires ou privilégiés. Aucune difficulté ne saurait s'élever pour les créanciers chirographaires. Si le Trésor ne les primait pas, ce ne serait pas la peine de prononcer le mot de privilège (1). Mais *quid* des créanciers privilégiés

---

les premières; il se contente de primer les autres, quelles que soient leur date et leur nature. » (Planiol : *Op. cit.*, T. II, § 3146 p. 923). On ne peut dire plus clairement que l'article 2098 fait double emploi avec l'article 5 de la loi du 5 septembre 1807 et n'a aucune portée théorique générale.

(1) Nous ne devons pas dissimuler cependant que ce point a été discuté, et infirmé par certaines décisions de jurisprudence. Si le privilège du Trésor n'est pas opposable aux créanciers chirographaires antérieurs, dit-on, il n'en reste pas moins utile puisqu'il assure au Trésor un droit de préférence sur les créanciers chirographaires contemporains ou postérieurs à la naissance du privilège. Pour être exact, on devrait donner à ce droit le qualificatif d'hypothèque légale et non de privilège, mais cela est sans importance. Et en ce sens on peut citer certains arrêts, notamment un arrêt de la Cour d'Orléans en date du 9 juin 1860 (D. 60. 2. 201), qui décident que le privilège du Trésor n'est pas opposable aux créanciers chirographaires antérieurs.

Cependant si le législateur a dit que le Trésor public jouissait d'un *privilège*, ne devons-nous pas donner à cette expression le sens

antérieurs au Trésor ? Seront-ils primés par lui ? — Oui, s'ils ont un rang moins favorisé, puisque le rang des privilèges mobiliers est déterminé uniquement par la faveur qui s'attache à la créance et non par la date des privilèges. Décider le contraire équivaudrait à nier que le Trésor possédât des privilèges. Toutes les lois fiscales qui créent les privilèges et indiquent leur

---

qu'elle a partout ailleurs dans le Code? Le privilège est par définition un droit de préférence attaché à la créance pour lui permettre de primer *tous* les créanciers antérieurs. S'il ne les prime point tous, ce n'est plus un privilège. — Mais. dit-on, c'est un privilège restreint, une sorte d'hypothèque légale. — Nous repondons qu'une hypothèque légale mobilière serait chose nouvelle dans notre droit, les navires étant jusqu'ici les seuls meubles qui puissent être hypothéqués, et que d'ailleurs ce n'est pas d'hypothèque mais bien de privilège que parle la loi. — Quant à l'idée du privilège restreint, elle ne nous paraît pas plus acceptable. Pour justifier une restriction au privilège, une dérogation au droit commun, il faut un texte. Quel est le texte sur lequel on peut s'appuyer ici ? Ce n'est pas l'article 2098 puisque nous l'avons mis hors de discussion. Et comme il n'en existe pas d'autre, il faut bien conclure que la théorie du privilège restreint est une théorie arbitraire.

Quant aux décisions de jurisprudence, elles ont à nos yeux peu de valeur parce qu'elles s'appuient toutes sur l'article 2098 et tiennent pour résolue la question même qu'il s'agit d'élucider. L'arrêt d'Orléans, pour n'en citer qu'un, raisonne de la manière suivante. (Il s'agissait en l'espèce de statuer sur la validité d'une action dirigée par la Régie de l'Enregistrement pour le recouvrement des droits de mutation par décès, alors que le *de cujus* était en faillite avant son décès. Le Trésor se trouvait par conséquent en concours avec les créanciers chirographaires de la faillite antérieurs à la naissance du privilège).

L'article 2098, dit l'arrêt, empêche que le privilège puisse s'exercer à l'encontre des tiers ayant des droits antérieurement acquis. Or, le dessaisissement du failli opère en leur faveur une véritable mainmise sur les biens du failli ; ils sont nantis des biens du débiteur et ont sur lui les droits d'un gagiste. Donc le privilège du Trésor ne leur est pas opposable.

Ce raisonnement est une véritable pétition de principe, puisqu'il faut précisément démontrer : 1° Que l'article 2098 a le sens qu'on lui prête ; 2° Que le dessaisissement du failli est opposable au Trésor. Pour cette dernière question, voyez *infra* § 3.

rang font primer par le privilège du Trésor les privilèges d'un rang moins favorisé. Contre ce principe fondamental de notre droit aucun argument de texte fondé sur l'article 2098 ne peut prévaloir. Et même si l'article 2098 avait été rédigé d'une manière plus intelligible et méritait d'être pris en considération, on pourrait encore objecter que les lois fiscales dérogent à ce texte général, et que c'est aux lois spéciales qu'il faut, en vertu d'un axiome bien connu, se reporter (1).

La discussion ne peut donc porter que sur les privilèges immobiliers du Trésor. Mais alors toute discussion est superflue parce qu'il existe deux textes très précis qui tranchent la question. Le privilège des frais de justice est primé par certains privilèges, et par les hypothèques antérieures au mandat d'arrêt ou au jugement de condamnation, inscrites avant le privilège du Trésor. Le privilège sur les biens des comptables est primé par certains privilèges, et par les créanciers hypothécaires du précédent propriétaire (nécessairement antérieurs à la naissance du privilège du Trésor, puisque celui-ci ne date que de l'acquisition de l'immeuble par le comptable) (2), (3).

---

(1) Faisant application de ce principe, la jurisprudence judiciaire décide que lorsque le Trésor est créancier d'un failli, postérieurement au dessaisissement de celui-ci, le droit de gage de la masse des créanciers n'est pas opposable au Trésor pour sa créance d'impôts. (Cass. 2 déc. 1862. — S. 63. 1. 97. Bourges : 24 fév. 1864. — S. 64. 2. 30. Aix, 19 juin 1893. S. 94. 2. 225). La jurisprudence administrative donne cependant la solution contraire (*Conseil d'Etat* : 1er mars 1878 et 17 août 1879. D. 80. 3. 2. 12 août 1879. — S. 81. 3. 11. 9 avril 1886. — S. 88. 3. 5. D. 87. 3. 93) (Vo Sureau : *Th. doct.*, p. 26.

(2) Loi du 5 sept. 1807, sur les frais de justice criminelle :

ART. 4. — Le privilége mentionné en l'article 3 ci-dessus (Le privi-

Que les deux privilèges immobiliers du Trésor soient primés par d'autres privilèges limitativement énumérés, il n'y a rien là qui doive nous étonner. C'est une simple question de rang, et le législateur peut attribuer au privilège créé par lui tel rang qu'il juge convenable. Mais ce qui constitue une dérogation aux principes généraux, c'est que des privilèges puissent être primés par de simples hypothèques antérieures en date.

Certains auteurs s'appuyant sur les deux textes que nous venons de citer ont voulu ramener les privilèges du Trésor au rang de simples hypothèques. Ce qui caractérise en effet le privilège, c'est son droit de préférence. S'il ne prend rang qu'après les hypothèques qui lui sont antérieures, c'est qu'il n'est pas armé du droit de préférence vis-à-vis de ces hypothèques, qu'il ne prend rang qu'à dater de son inscription, qu'il n'est en un mot qu'une simple hypothèque légale.

---

lège sur les immeubles), ne s'exercera qu'après les autres privilèges et droits suivants :

« ... 3° Les hypothèques légales existantes indépendamment de l'inscription, pourvu toutefois qu'elles soient antérieures au mandat d'arrêt, dans le cas où il en aurait été décerné contre le condamné ; et, dans les autres cas, au jugement de condamnation.

« 4° Les autres hypothèques, pourvu que les créances aient été inscrites au bureau des hypothèques avant le privilège du Trésor public, et qu'elles résultent d'actes qui aient une date certaine, antérieure auxdits mandat d'arrêt ou jugement de condamnation ».

(3) Loi du 5 sept. 1807, sur les comptables :

ART. 5. — Le privilège du Trésor public mentionné à l'article 4 ci-dessus (le privilège sur les immeubles), ...en aucun cas ne peut préjudicier :

« ... 3° Aux créanciers du précédent propriétaire qui auraient, sur les biens acquis, des hypothèques légales dispensées de l'inscription ou toute autre hypothèque valablement inscrite ».

Ce raisonnement est spécieux, on a déjà compris pourquoi. Une hypothèque ne prend rang qu'à dater du jour de son inscription; or il n'en est pas ainsi des privilèges du Trésor. Le privilège des frais de justice produit effet à dater du mandat d'arrêt ou du jugement de condamnation, et il peut n'être inscrit que deux mois après ce jugement. Le privilège sur les biens des comptables produit effet à dater du jour de l'acquisition de l'immeuble et il peut n'être inscrit que deux mois après. Donc les privilèges immobiliers du Trésor sont bien de véritables privilèges et non de simples hypothèques. Donc, les deux lois du 5 septembre 1807 ont pour effet de restreindre le droit de préférence attaché à ces privilèges, mais non de le supprimer.

Notre conclusion, pour résumer cette discussion, sera donc la suivante :

a) Pour trancher la question de savoir si les privilèges du Trésor sont opposables aux tiers ayant des droits antérieurement acquis, il faut s'appuyer, non sur l'article 2098 du Code civil, qui n'est susceptible d'aucune interprétation raisonnable, mais sur les principes généraux du droit et sur l'esprit de nos lois fiscales particulières.

b) Le droit de préférence est attaché aux privilèges du Trésor comme à tous les autres privilèges. Ceux-là sont par conséquent opposables aux autres créanciers ayant des droits antérieurement acquis.

c) Exceptionnellement et pour des motifs d'ordre particulier, le législateur a restreint et limité le droit de préférence des deux privilèges immobiliers du

Trésor, de manière à faire primer ces privilèges par de simples hypothèques.

d) Ajoutons enfin pour terminer qu'il est deux sortes de « droits antérieurement acquis à des tiers » auxquels les privilèges du Trésor ne peuvent évidemment pas préjudicier :

1° Le droit d'un autre créancier privilégié d'un rang plus favorisé.

2° Le droit du propriétaire revendiquant sa chose trouvée entre les mains du débiteur du Trésor. Cette seconde restriction est expressement formulée par les lois relatives aux privilèges des Contributions directes, des Contributions indirectes et des Douanes.

3. — L'exercice du droit de préférence attaché aux créances privilégiées du fisc présente quelques particularités intéressantes lorsque le débiteur du Trésor se trouve en faillite. Nous distinguerons à ce sujet deux hypothèses suivant que la créance du Trésor est antérieure ou postérieure à la faillite.

I. — Supposons d'abord, et c'est l'hypothèse qui se réalisera le plus fréquemment, que la créance du Trésor ait pris naissance avant la faillite. On sait que les créances civiles, même privilégiées, qui se trouvent dans ce cas sont soumises aux formalités spéciales de production et de vérification ; le droit de requérir l'inscription des privilèges passe au syndic de faillite ; le payement des créanciers privilégiés sur les meubles nécessite l'autorisation du juge commissaire ; les créanciers sont liés par le concordat passé avec le débiteur, etc... Bref les droits des créanciers ordinaires, même privilégiés, subissent un certain nombre d'atteintes et de modifications du fait de la faillite.

Les privilèges du Trésor, au contraire, n'en subissent aucune. Il est de règle en effet que les lois spéciales dérogent aux lois générales, et l'art. 2098, 1° C. civ. n'est rien autre qu'un rappel de cette règle. L'exercice de ces privilèges continuera donc, en cas de faillite du débiteur, à être régi par les lois qui y sont relatives, à l'exclusion des dispositions générales du Code de commerce (1).

La doctrine et la jurisprudence sont aujourd'hui complètement fixées sur ce point. Du principe que nous venons d'énoncer, elles tirent une série de conséquences dont voici les principales :

1° Le Trésor n'est pas obligé de soumettre sa créance aux formalités de production et de vérification prévues par les articles 491, sqq. du Code de commerce (2).

2° En cas de contestation soulevée au sujet de l'exercice du privilège, c'est le Tribunal civil qui est compétent, et non le Tribunal de commerce (3).

---

(1) Cass. 11 mai 1835 ; S. 35. 1. 270.
Cass. 26 nov. 1872; S. 73. 1. 199.
Seine 6 déc. 1850 ; *Journal enregist.* 15.107.
Cass. 13 janv. 1874 ; S. 74. 1. 111 ; D. 74. 1. 169.
Labori, *Rep.* v° *impôts indirects* § 1165 et *impôts directs* § 557.
Guillouard II, § 568.
Dumesnil et Pallain, § 337.
(2) Paris, 27 novembre 1864 ; S. 65. 2. 108.
Lyon, 3 juillet 1874 ; S. 75. 2. 301.
Cass. 25 avril 1883 ; S. 83. 1. 456.
(3) Labori, *Rep. loc. cit.*
Cf. Loi 22 frimaire an VII, art. 65, 1°.

3o Le Trésor n'est pas lié par le concordat passé avec les autres créanciers (1).

4o Le Trésor doit prendre inscription pour conserver son privilège. L'inscription prise par la masse ne saurait en tenir lieu puisqu'il n'est pas représenté par ladite masse (2).

5o Enfin le Trésor peut exercer son privilège sur les biens des redevables, pratiquer des poursuites, faire lever les scellés, saisir les meubles et les marchandises, et les vendre nonobstant la faillite ultérieurement survenue du débiteur (3).

Les privilèges du Trésor jouissent donc, par application de l'article 2098, 1o C. civ., d'une condition meilleure que les privilèges civils (4).

II. — Supposons maintenant que la créance du Trésor soit postérieure au jugement déclaratif de faillite (le Trésor étant créancier du failli personnellement, et non de la masse). Le principe du dessaisissement absolu du failli à dater du jugement déclaratif de faillite va-t-il être opposable ou non au Trésor, étant donné

---

(1) Paris 29 août 1836; S. 37. 2. 82.
Labori : *Impôts ind.* § 1180.
(2) Metz, 28 fév. 1856, *Metzger*, S. 56. 2. 321. D. 57. 2. 49.
Besançon, 30 août 1856, *Sucillon*. S. 56. 2. 698. D. 57. 2. 51.
Fuzier Hermann : *Rep.* vo *privilège*, § 796.
Guillouard : t. II, § 602.
Baudry Lacantinerie et de Loynes, t. I, § 685.
Aubry et Rau, t. III, § 263 *bis*.
(3) Labori : *Rep.* vo *imp. ind.*, § 1174.
Dalloz : *Rep.* vo *privilège*, § 553, avec note et arrêts.
(4) Voir dans la *Revue critique* 1897, p. 180 une étude très intéressante de M. Zéglicki sur l'exercice du privilège de la Régie des Contributions indirectes, où l'on trouvera le développement de ces différentes idées.

qu'il est opposable à tous les autres créanciers sans exception ? — La question est vivement controversée. La jurisprudence administrative admet que le Trésor ne doit pas jouir d'une prérogative aussi exceptionnelle. Le droit de gage de la masse est fixé d'une manière irrévocable par le dessaisissement ; le Trésor ne peut exercer son privilège à l'encontre de ce droit, et permettre ainsi au failli de porter préjudice à ses créanciers par des agissements postérieurs au jugement déclaratif. La jurisprudence judiciaire donne la solution contraire et décide que le principe de dessaisissement, opposable aux créanciers dont les titres proviennent du fait du failli ne l'est pas aux créanciers qui tirent leur titre de la loi, comme l'Etat pour les créances d'impôts. (1)

La question se rattache en somme à l'interprétation de l'article 2098, 2° C. civ. Si l'on admet que les privilèges du Trésor ne peuvent préjudicier aux droits acquis antérieurement à des tiers, on est amené à conclure que le droit de gage de la masse leur est opposable. Mais si l'on adopte comme nous l'avons fait la théorie contraire, la question devient très discutable.

On reproche à la jurisprudence judiciaire d'avoir établi une distinction arbitraire entre les différentes espèces de créances postérieures à la faillite, et d'arriver à une solution inadmissible (2).

---

(1) Voir les arrêts cités *supra* p. 120, n. 1. Pour cette discussion Cf. Sureau *Th. doct.*, p. 26.

(2) Sureau ; *loc. cit.*

Comment pourrait-on admettre, dit-on, que les biens du failli continuent à servir de garantie au Trésor, alors que ce failli est entièrement dessaisi de l'administration de son patrimoine, qu'il ne peut plus s'obliger pécuniairement même par des faits illicites commis depuis le jugement déclaratif (1). « Si l'actif du failli est placé sous la mainmise des créanciers, dit M. Wahl, aucun créancier postérieur, même privilégié, ne peut obtenir de préférence sur eux (2). »

Raisonner ainsi c'est, à notre avis, oublier le premier alinéa de l'article 2098 C. civ. « *Legi speciali per generalem non derogatur* ». Les privilèges du Trésor ne sont pas régis par les principes généraux du droit, ils sont régis par des lois spéciales. Si on admet, en vertu de ce principe que les règles du Code de commerce relatives à la vérification des créances, par exemple, ne sont pas applicables aux privilèges du fisc, pourquoi décider autrement en ce qui concerne les règles de ce même Code de commerce relatives à la théorie du dessaisissement ? Nous ne voyons pour cela aucune bonne raison. — Est ce parce que le jugement déclaratif confère aux créanciers un droit de gage général sur les biens du failli ? Mais le privilège du Trésor s'exerce à l'encontre des droits antérieurement acquis à des tiers. — Parce que le Code de commerce dispose que l'effet du dessaisissement est absolu et opposable à tous les créanciers privilégiés ? Mais le privilège du Trésor est régi par des lois spéciales et n'obéit pas aux principes généraux du droit commercial. — La conclu-

(1) Lyon Caen et Renault, *Tr. de dr. comm.*, t. VII, §§ 210, sqq.
(2) Note sous arrêt Aix 19 juin 1893 ; S. 94. 2. 225.

sion s'impose : l'effet du dessaisissement, quelque absolu qu'il puisse être, n'est pas opposable au Trésor public.

4. — La conservation du droit de préférence n'est subordonnée en matière mobilière à aucune formalité. En matière immobilière, elle nécessite au contraire une inscription du privilège.

C'est ici le lieu de rappeler la controverse célèbre qui divise la doctrine sur le point de savoir quel est l'effet produit par cette inscription relativement au droit de préférence. Entre l'article 2096 C. civil qui dispose qu' « entre créanciers privilégiés la préférence se règle par les différentes qualités du privilège » et l'article 2106 qui fait produire effet à ces mêmes privilèges « à compter de la date de cette inscription », il existe une flagrante antinomie. Pour concilier ces deux textes en apparence contradictoires, trois grands systèmes ont été proposés.

Une première théorie veut que l'article 2106 subordonne à la nécessité d'une inscription non point le rang du privilège, mais son effet. Le privilège ne produit d'effet qu'une fois inscrit, mais l'inscription prise, son rang est déterminé par la qualité de la créance. — D'après une seconde opinion, les privilèges ne conserveraient le rang qui leur est assigné à raison de la faveur attachée à la créance qu'autant qu'ils ont été rendus publics avant la naissance de la créance ou tout au moins au moment même où elle prend naissance. — Enfin une troisième opinion est que la règle générale se trouve formulée par l'article 2106 :

le rang des privilèges se trouve déterminé par l'ordre des inscriptions, mais que certains privilèges font exception à la règle et voient leur rang déterminé par la faveur qui s'attache à la créance.

Nous n'avons pas l'intention d'aborder la discussion de ce problème qui sort absolument du cadre de notre étude. Une seule remarque peut nous intéresser : c'est que, suivant le troisième système (celui de M. Baudry Lacantinerie), tous les privilèges du Trésor rentreraient dans la catégorie des exceptions régies par l'article 2096. Au point de vue des résultats pratiques les trois systèmes sont donc sensiblement d'accord en ce qui concerne les privilèges du Trésor et déterminent leur rang uniquement d'après le degré de faveur qui s'attache à la créance.

5. — Les règles relatives à l'exercice du droit de suite sur les immeubles sont les mêmes pour les privilèges du Trésor que pour tous les autres privilèges. Le droit de suite se conserve par l'inscription du privilège, à condition qu'elle soit antérieure à la transcription de l'acte de vente de l'immeuble privilégié.

Mais il est beaucoup plus délicat de déterminer si le Trésor jouit ou non d'un droit de suite sur les meubles.

Et d'abord un privilège mobilier peut-il être armé d'un droit de suite? Une maxime courante de notre ancien droit était que « meubles n'ont pas de suite par hypothèque »; elle a cours aujourd'hui encore dans notre droit. Et cependant il est incontestable que certains privilèges purement mobiliers pouvant être exercés à l'encontre de tiers détenteurs, sont armés par conséquent d'un véritable droit de suite.

La question est délicate, et elle a donné lieu à de nombreuses discussions.

Suivant un premier système, il serait impossible de formuler une règle commune applicable à tous les privilèges mobiliers. Les caractères et les effets de ceux-ci varieraient selon le principe sur lequel ils reposent. En particulier les privilèges dérivant de l'idée de gage comporteraient un droit de suite, parce que le gage est un droit réel, les autres n'en comporteraient pas (1).

Suivant un second système, les privilèges mobiliers ne pourraient jamais emporter droit de suite, parce que ce sont des droits personnels et non des droits réels (2).

Suivant un troisième système, les privilèges mobiliers seraient des droits réels et conféreraient au créancier le droit de suivre les meubles affectés en quelques mains qu'ils passent. Cependant le droit de suite ne pouvant s'exercer que sur des corps certains appartiendrait aux seuls privilèges spéciaux, à l'exclusion des privilèges généraux, et encore ce droit se trouverait-il restreint par application de l'article 2279

---

(1) Planiol : *Traité de droit civil*. T. II. § § 2543-2548, 2586-2621, 2438-2439. On se rappelle que pour M. Planiol, le droit du créancier gagiste et en général tous les privilèges spéciaux mobiliers ne sont pas des privilèges proprement dits. Les *vrais* privilèges ne peuvent jamais entraîner un droit de suite puisqu'ils ne sont pas autre chose qu' « un tour de faveur accordé au créancier 'dans la répartition du prix ».

(2) Aubry et Rau : T. III. § § 256, 256 *bis*, 261.

C. civ. (théorie de la prescription instantanée), en faveur des ayants cause particuliers du débiteur de bonne foi (1).

Nous ne pouvons entrer dans la discussion de ces différents systèmes, beaucoup trop importante pour être traitée en quelques pages, et qui nous écarterait d'ailleurs de notre sujet. Nous en retiendrons seulement ce point que, d'après certains systèmes, les privilèges mobiliers peuvent être armés du droit de suite. Ceci posé, abordons le problème *in concreto*, et recherchons si les privilèges du Trésor emportent ou non droit de suite. Nous nous demanderons ensuite quel peut être le fondement théorique d'un semblable droit.

Aucun des privilèges généraux du Trésor n'est armé du droit de suite; il suffit pour s'en convaincre de relire les textes qui leur ont donné naissance. Un seul peut faire l'objet d'une discussion, c'est le privilège des Contributions directes. Ce privilège s'exerce, aux termes de la loi du 12 novembre 1808, article I, « sur tous les meubles et autres effets mobiliers appartenant aux redevables, *en quelque lieu qu'ils se trouvent* ». On s'est quelquefois demandé si ces derniers mots ne constituaient pas, au profit du fisc,

---

(1) Beudant : *Sûretés personnelles et réelles*. I. § § 262, 263, 268. Baudry Lacantinerie et De Loynes. I. § 302. Guillouard, I. § 173.

Cette dernière théorie a été reprise par M. Moissenet *(Th. doct. Dijon 1901)* avec une légère modification. L'auteur repousse en effet l'application de l'art 2279 C. civ., et nie que le droit de suite puisse prendre fin autrement que par la renonciation du bénéficiaire. M. Moissenet a d'ailleurs fait un exposé très complet de la question et des différents argments invoqués à l'appui des trois systèmes, auquel nous ne pouvons que renvoyer.

un droit de suite sur tous les meubles du contribuable. Mais cette interprétation est manifestement erronée, et personne ne la soutient plus aujourd'hui; la loi parle des meubles appartenant *aux redevables*, et cette expression est absolument exclusive du droit de suite. Le seul sens raisonnable que l'on puisse donner aux mots « en quelque lieu qu'ils se trouvent » est le suivant : c'est que le privilège peut s'exercer sur tous les meubles, même sur les meubles qui ne sont pas dans la maison du redevable, qui sont aux mains d'un dépositaire, d'un gagiste, etc., (1). Mais le Trésor ne peut pas exercer son privilège sur les biens qui sont la propriété d'un tiers. En conséquence toute vente mobilière faite de bonne foi et sans fraude sera opposable au Trésor.

Le problème du droit de suite ne se pose véritablement que pour deux des privilèges spéciaux du Trésor : le privilège de la contribution foncière et celui du droit de mutation par décès.

Le système qui confère au Trésor un droit de suite pour recouvrer la contribution foncière est de création purement jurisprudentielle. On le trouve mentionné pour la première fois dans un jugement du Tribunal de Draguignan le 15 juillet 1843 (2), bientôt

(1) Cass. 17 août 1847 : S. 48, 1, 45.
Rouen, 1 fév. 1893 : S. 93, 2. 132.
Aubry et Rau : T. III § 263 *bis*.
Baudry Lacantinerie et De Loynes. T. I. § 690.
Guillouard : T. II. § 578.
Durieu : I. p. 190.
(2) *Mém. des percept.* 1845 p. 326.
(3) Louviers, 27 juillet 1849; *Mém. des percept.* 1851, p. 68.
Rouen, 23 mai 1851 : S. 52. 1. 534.

suivi de quelques autres (3) et sanctionné en 1852 par la Cour de cassation (1). Depuis, la jurisprudence et la doctrine, à part quelques protestations isolées, paraissent avoir accepté la nouvelle théorie (2).

Le principal argument sur lequel s'est basée la jurisprudence pour construire son système est un argument *a contrario* tiré du rapprochement des deux alinéas de l'article 1 de la loi du 12 novembre 1808. Le premier alinéa, relatif à la contribution foncière, dit que « le privilège s'exerce avant tout autre sur les récoltes etc... des biens sujets à la contribution », et le § 2, relatif aux autres contributions, dit que « ce privilège s'exerce... sur les biens meubles et effets mobiliers *des redevables* ». Cette disposition révèle nettement, dit-on, l'intention du législateur. Celui-ci n'a pas dit que le privilège de la contribution foncière s'exerçait sur les fruits des immeubles *appartenant aux redevables*, il a dit seulement « sur les fruits des immeubles ». La différence de rédaction entre les deux alinéas de ce texte est certainement intentionnelle. Peu importe donc que l'immeuble assujetti à la contribution soit la propriété du redevable ou la propriété d'un tiers, le privilège du Trésor s'exercera même entre les mains d'un tiers détenteur.

---

(1) Cass. 6 juillet 1852 : S. 52. 1. 534.

(2) Cass. 26 mai 1886 : S. 86. 1. 256 : D. 87. 1. 296.
Rouen 1 fév. 1893 : S. 93. 2. 132 : D. 93. 2. 584.
Pont : T. I. § 50.
Aubry et Rau : T. III. p. 185.
Baudry Lacantinerie et de Loynes : T. I. § 689.
Guillouard : T. II. § 577.
Vergès : *Th. doct.* pp. 71 sqq.
Sureau : *Th. doct.* pp. 95 sqq.

A cet argument de textes, on a ajouté un argument tiré de considérations d'utilité pratique. Si le privilège du Trésor ne pouvait s'exercer que contre le contribuable possesseur et pendant la durée de sa détention, ce dernier aurait le pouvoir d'annihiler complètement le privilège du Trésor en vendant son immeuble.

Enfin un jugement du Tribunal de Rouen sanctionné par la Cour de cassation, mais qui n'a pas fait jurisprudence (1) a proposé encore une autre théorie : L'impôt foncier ne serait pas dû par le propriétaire personnellement, mais par le fonds lui-même, et le fonds en quelques mains qu'il fût devrait toujours payer l'impôt.

De ces différents arguments, nous éliminerons immédiatement le dernier. Les anciennes charges foncières ont disparu depuis 1789, et il est inadmissible de soutenir aujourd'hui qu'un impôt ne soit pas dû personnellement par le contribuable. Lorsque le propriétaire foncier fait l'abandon du fonds imposé, il ne cesse pas pour cela d'être débiteur des impôts précédemment exigibles, il n'est libéré que pour l'avenir, ce qui prouve que c'était bien par lui et non par le fonds que l'impôt était dû (2). Mais les deux autres raisons précédemment données sont très fortes, et celle qui est tirée des nécessités de la pratique a certainement influé beaucoup sur la formation du système que nous venons d'exposer. On doit accepter aujourd'hui la

(1) Rouen, 23 mai 1851. — Cass. 5 juillet 1852. — Précités.
(2) L. 3 frimaire an VII, art. 66, *in fine*.

théorie du droit de suite attaché au privilège de la contribution foncière comme une construction juridique élevée sous l'empire des nécessités sociales par la doctrine et la jurisprudence, simultanément.

Le privilège garantissant le recouvrement des droits de mutation par décès a été armé par le législateur d'un droit de suite, d'une manière beaucoup plus explicite que le privilège de la contribution foncière. « La nation aura action sur les revenus des biens à déclarer *en quelques mains qu'ils se trouvent* », dit la loi du 22 frimaire an VII (art. 32). Les termes employés étaient assez larges pour comprendre les tiers acquéreurs; mais cette interprétation a été combattue par un arrêté du Conseil d'Etat en date du 4 septembre 1810, approuvé le 21, et qui a, par conséquent force de loi (1). Le Conseil d'Etat a estimé que l'obligation édictée par le législateur au paragraphe 2 de l'article 32, d'affecter au payement de l'impôt les revenus et fruits de l'immeuble, ne s'appliquait qu'aux personnes énumérées au paragraphe 1, soit aux héritiers, donataires ou légataires, et ne pouvaient regarder en rien les tiers acquéreurs (2).

Par *tiers acquéreurs*, il faut entendre ici tous les ayants cause à titre particulier de l'héritier, à l'exclusion de ceux qui succèdent *in universum jus*.

Mais si l'avis du Conseil d'Etat restreint le droit de

---

(1) Inséré au 317e *Bulletin des Lois*.

(2) La Cour de cassation avait établi une interprétation contraire de l'article 32 de la loi de frimaire, par deux arrêts en date des 29 août 1807 et 3 janvier 1809 (Dalloz : *Rép.*, v° *Enregistrement*, p. 375, 376).

suite attaché au privilège des droits de mutation par décès, il ne le supprime pas pour cela. Ce privilège peut s'exercer à l'encontre d'un successible autre que le successible débiteur des droits dont le paiement est réclamé : donataire, légataire, usufruitier, etc... (1). D'ailleurs, l'article 4 de la loi de frimaire dit formellement que le droit de mutation « est assis sur les valeurs », et la Cour de cassation a interprété ces mots de la façon suivante :

« Attendu qu'aux termes de l'article 4 de la loi du 22 frimaire an VII, le droit proportionnel de mutation par décès est assis sur les valeurs de la succession ;

« Que ces valeurs forment sa base, quelles que soient les variations qu'il subisse, soit à raison de la nature des biens dont se compose la succession, soit à raison de la qualité des personnes qui sont appelées à la recueillir ;

« Que l'impôt a ainsi, selon le texte et l'esprit de la loi qui l'a établi, le caractère d'une dette naissant avec l'ouverture d'une succession et inhérente, dès ce moment, à tous les biens qui la composent ;...

« ... Qu'il faut reconnaître que la dette du droit de mutation reste une dette de la succession (2) ».

Il est donc admis, en fait, que le privilège du Trésor pour le recouvrement des droits de mutation par décès est armé d'un droit de suite comme le privilège de la contribution foncière.

---

(1) Lyon, 23 juillet 1890. — S. 91. 2. 170.
Guillouard : T. II., § 572.
(2) Cass., 2 juin 1869. — S. 69. 1. 326.

Mais ces deux points une fois établis, à quelle théorie générale pouvons-nous rattacher ces deux cas spéciaux? — Sont-ce des anomalies de notre droit? — Des créations prétoriennes de la jurisprudence? — Ou, au contraire, existe-t-il une raison générale qui justifie cette collocation d'un droit de suite à deux privilèges du Trésor?

Cette raison générale existe, et elle est même relativement facile à dégager.

Le privilège de la contribution foncière et celui du droit de mutation ont un caractère commun : ce sont deux privilèges spéciaux grevant les fruits et revenus des biens qui donnent ouverture à l'impôt. L'idée sur laquelle ils reposent est évidemment la même : c'est l'idée de nantissement. Le Trésor jouit d'un droit de gage sur la chose même qui a donné naissance à sa créance. Il est vrai que le privilège du Trésor grève les *revenus* des biens et non pas les *biens* eux-mêmes, mais c'est là un simple adoucissement pratique aux droits rigoureux du fisc; le privilège sur les biens présenterait des inconvénients sérieux et c'est pourquoi on l'a fait porter sur les revenus des biens seulement. Mais logiquement, c'est sur les biens eux-mêmes qu'il aurait dû porter, ces biens servant de gage spécial au Trésor, à raison des créances auxquelles ils ont donné naissance.

Mais les droits du Trésor étant réduits à porter sur les revenus des biens, une difficulté se présentait. Le privilège était fondé sur l'idée de gage, et cependant le Trésor ne pouvait pas être mis en possession de son gage. Une fois les fruits perçus, détachés de l'immeuble si le bien est immobilier, il pouvait les saisir et se faire colloquer sur le prix ; mais il perdait son privilège, faute de pouvoir exercer son droit de rétention, si les fruits changeaient de mains comme accessoires du bien principal et avant d'être détachés. Il fallait donc nécessairement qu'il fut armé d'un droit de suite pour pouvoir suivre son gage et s'en remettre en possession au moment de la perception des fruits. — Telle est la théorie très simple qui justifie le droit de suite de certains privilèges du Trésor. Elle peut, d'ailleurs, s'appliquer à tout privilège grevant les revenus d'un bien déterminé et reposant sur l'idée de nantissement (1).

---

(1) Certaines décisions de jurisprudence en ont fait l'application en conférant un droit de suite au privilège du vendeur de semences. Le vendeur de semences, comme on le sait, est privilégié sur la récolte, et son privilège dérive de l'idée de nantissement. Il est donc dans une situation analogue à celle du Trésor. (V. Bourges, 9 mai 1900. S. 1900. 2. 232. — Cass. 11 juillet 1864. S. 64. 1. 311. D. 64. 1. 388. — Cf. les théories de M. Moissenet : *Op. cit.*, p. 128 et 147).

CHAPITRE II

Des biens grevés par le privilège du Trésor.

1. Des différents biens grevés par le privilège du Trésor. Fruits et revenus, meubles, immeubles.
2. De la substitution au bien grevé d'un autre bien dans le patrimoine du débiteur : Vente, échange, indemnité d'assurance.
3. Du changement de caractère juridique du bien grevé. Immobilisation des meubles, mobilisation des immeubles.

1. — Les privilèges du Trésor, étudiés au point de vue des biens sur lesquels ils portent, peuvent se répartir en trois groupes : privilèges portant sur les fruits et revenus, privilèges portant sur les meubles en général, privilèges portant sur les immeubles.

Les deux premières catégories paraissent à première vue devoir rentrer l'une dans l'autre puisque les fruits sont en définitive des biens meubles. Cependant ces deux ordres de privilèges présentent des caractères assez différents pour mériter d'être séparés. Le droit de suite dont jouissent seuls les privilèges sur les fruits suffirait à justifier cette distinction.

Etudions rapidement l'étendue des biens appartenant à chacune de ces trois catégories, que grève le privilège du Trésor.

I. — Le privilège de la contribution foncière porte sur les *fruits* de l'immeuble imposé, et celui du droit de mutation par décès sur les *revenus* des biens sujets à l'impôt. Le second terme est plus général que le premier, puisqu'il comprend tout à la fois les *fruits* produits par les biens immeubles, et les *intérêts* produits par certains biens meubles (créances, actions, obligations et titres divers).

La détermination des biens qui ont le caractère de fruits a donné lieu à d'assez nombreuses difficultés d'interprétation ; aussi résumerons-nous rapidement les caractères auxquels on peut reconnaître les fruits.

On appelle fruit, d'une manière générale, tout ce qu'un fonds produit périodiquement sans que sa substance en soit altérée d'une façon notable : *quidquid ex re nasci et renasci solet.* La périodicité est le caractère distinctif du fruit, quelle que puisse être d'ailleurs la durée de la période.

Les fruits se divisent en trois catégories : les *fruits naturels* issus spontanément de la nature sous l'influence d'un travail de culture ; les fruits *industriels*, résultant d'une transformation que l'homme fait subir aux produits de la nature : et les *fruits civils*, ou loyers et revenus des immeubles. Les privilèges du Trésor frappent les trois catégories de fruits (1).

On a discuté en doctrine un certain nombre de questions relatives à l'étendue du privilège sur les fruits ; notamment si ce privilège devait grever le produit

---

(1) Voir l'énumération des différents fruits dans Durieu : *op. cit.*, t. I, p. 172 sqq.

des mines, minières et carrières. Il est certain que les produits d'une mine n'ont pas le caractère de fruits puisqu'ils s'épuisent et ne se renouvellent pas périodiquement. On ne saurait tirer argument du droit de jouissance concédé à l'usufruitier sur les mines ouvertes (art. 598) pour donner la solution contraire (1).

On s'est demandé également s'il n'y avait pas lieu, pour les fruits civils, d'opérer une ventilation et de faire porter le privilège du Trésor seulement sur la partie du prix correspondant à la valeur de la matière première, à l'exclusion de la partie qui représente le travail de l'homme. Lorsque le privilège porterait sur une barrique de vin, le Trésor ne verrait sa créance garantie que jusqu'à concurrence de la valeur des raisins qui ont servi à fabriquer le vin. « Il appartient, dit-on, aux créanciers du contribuable, de demander que la partie du prix des produits qui représente le travail de l'homme, soit soustraite à l'exercice du privilège, car il est indépendant des fruits du sol, et ce serait léser les intérêts des créanciers chirographaires que de le confondre avec ces fruits » (2).

Cette distinction ingénieuse entre la matière première et le travail qui sont incorporés l'un à l'autre et ne forment plus qu'un seul tout, ne nous paraît pas admissible. Même en supposant que cette dissociation soit possible et que le fruit industriel ne soit pas une chose indivisible *re*, l'indivisibilité du privilège s'oppose absolument à ce qu'on l'effectue. De deux choses

(1) Château Thierry 16 janv. 1895 (*Monit. jud. de Lyon*, 12 août 1895).
(2) Vergés : *Op. cit.*, p. 58-59

l'une : ou le bien dont s'agit est un fruit, et le privilège le grèvera tout entier ; ou ce n'est pas un fruit, et il échappera entièrement. — Quand au point de savoir si un bien est, oui ou non, un fruit industriel, c'est une question de fait, qui dépend de la proportion dans laquelle se combinent la matière première et le travail de l'homme. On ne saurait évidemment prétendre qu'une table ou un buffet soient des fruits industriels, parce qu'ils ont été fabriqués avec un chêne provenant d'une coupe aménagée (1).

Les droits du Trésor sur les fruits de l'immeuble imposé présentent un caractère très spécial. Ils portent sur ces biens non pas en tant que meubles appartenant au redevable, mais en tant que fruits produits par l'immeuble ; et le Trésor perd ses droits si ces biens changent de caractère.

Conséquence pratique : lorsque les fruits conservent leur caractère, c'est à dire restent attachés à l'immeuble, ou sont détachés par le propriétaire et conservés en qualité de fruits, le Trésor jouit sur eux d'un droit de suite, ainsi que nous l'avons vu précédemment. Mais lorsque les fruits détachés ont été vendus par le propriétaire et ont pris ainsi le caractère d'une marchandise quelconque, le Trésor perd son droit de suite. — Le percepteur peut poursuivre la réalisation des fruits qui garantissent le payement de la contribution foncière entre les mains d'un tiers acquéreur qui a acheté les fruits et l'immeuble tout ensemble, il ne peut pas le faire aux mains d'un tiers acquéreur

(1) V. Durieu, *loc. cit.*

qui a acheté les fruits seuls. Cette solution résulte du texte même de la loi de 1808 combiné aux principes généraux du droit (1).

II. — La seconde catégorie de privilèges porte sur les biens meubles du débiteur, soit sur la généralité des meubles, soit sur certains meubles spéciaux. Les lois relatives à ces privilèges se servent tantôt seulement du mot *meubles*, tantôt de l'expression *meubles et effets mobiliers* pour désigner les biens grevés par le privilège.

On a voulu voir dans ces mots *effets mobiliers* une désignation spéciale des différents meubles incorporels du débiteur (2). Si cela était vrai, on pourrait raisonner *a contrario* et prétendre que le mot *meubles* ne désigne que les meubles corporels, mais une telle distinction est inadmissible. D'une part les privilèges mobiliers généraux doivent porter sur tous les meubles corporels ou incorporels du débiteur, d'autre part le mot *meuble* a, en droit français, un sens très compréhensif. Il est donc certain que le législateur a pris les deux expressions précitées comme synonymes.

Nous ne ferons pas l'énumération des différentes espèces de biens meubles ; il suffit de renvoyer au Code civil.

Toutefois nous devons dire un mot d'une difficulté qui s'est élevée au sujet des bateaux, bacs, navires et autres bâtiments flottants non construits sur pilotis.

---

(1) Cf. Ducos : *Op. cit.* p. 77.
Vergès : *Op. cit.* p 71.
Sureau : *Op. cit.* p. 91.
(2) Sureau : p. 76.

Aux termes de l'article 531 du Code civil, ces biens sont des biens meubles. Or, la loi de finances des 18-22 juillet 1836, dans son article 2 déclare ces biens soumis à la contribution foncière, qui ne porte que sur les immeubles.

Deux questions sont nées de cette antinomie. — D'une part on s'est demandé si ces biens avaient changé de nature juridique et devaient être considérés comme immeubles. Nous ne croyons pas que la loi de finances ait eu pour effet de modifier sur ce point le Code civil, mais bien plutôt d'y apporter une exception. Il arrive assez souvent que sur un même point le droit civil et le droit fiscal donnent des solutions contraires. Par exemple le droit civil considère les partages avec soultes comme un acte déclaratif de droits, et le droit fiscal comme un acte translatif. Il n'y a donc rien d'inadmissible à ce que les bacs et bateaux soient des biens meubles en droit civil, et des biens immeubles en droit fiscal.

— D'autre part, le privilège des contributions directes autres que la contribution foncière grèvera-t-il ou non les bacs et bateaux ? Oui, si ceux-ci sont meubles, non s'ils sont immeubles. Dès l'instant que le droit fiscal les considère comme immeubles, il faut décider que le privilège des contributions directes ne pourra pas les atteindre.

Les différents privilèges sur les meubles grèvent aussi les revenus et intérêts de ces meubles lorsqu'ils sont susceptibles d'en produire, en vertu de la maxime *accessorium sequitur sortem principali.*

III. — Quant à la troisième catégorie celle des privilèges sur les immeubles, elle ne donne lieu à aucune difficulté d'interprétation.

2. — Etant donnés ces principes généraux, nous devons nous demander ce qu'il advient du privilège du Trésor lorsque le bien qui lui est affecté sort du patrimoine du débiteur.

Si le bien sort du patrimoine du débiteur sans qu'aucune valeur équivalente ne le remplace, il y a extinction du privilège par perte de la chose. Mais si le bien est remplacé par un autre bien équivalent représentatif de sa valeur, on peut dire d'une manière générale que le privilège subsiste en grevant ce nouveau bien. Cette survivance ne peut toutefois se produire que si le nouveau bien a la même nature juridique que l'ancien.

1) L'application la plus fréquente de ce principe a lieu en matière de vente.

a) Si un immeuble grevé par le privilège du Trésor est vendu, la question ne peut pas se poser. De deux choses l'une en effet : — Ou bien le droit de suite attaché au privilège permet au Trésor de poursuivre son gage aux mains du tiers acquéreur ; — ou bien, si le Trésor a donné mainlevée de l'inscription, le privilège s'éteint. L'immeuble, en effet, est remplacé dans le patrimoine du débiteur par un bien mobilier — le prix, — la chose change de nature juridique et le privilège immobilier, ne pouvant porter sur un bien meuble, s'éteint.

b) Si un meuble grevé par un privilège général du Trésor est vendu, le principe s'applique dans toute sa force. Le Trésor a le droit d'exercer son privilège sur le prix de la vente — en supposant que ce prix soit encore dû. La raison de cette solution est facile à saisir : le bien meuble aliéné par le débiteur a été remplacé dans le patrimoine de ce dernier par un autre bien meuble — une créance — qui s'est trouvé immédiatement affecté au privilège général du Trésor.

c) Si la vente porte sur un bien dont les revenus sont affectés au privilège du Trésor, la question devient beaucoup plus délicate. Elle ne présente guère d'ailleurs d'intérêt que pour le privilège des droits de mutation par décès, car le droit de suite dont est armé la contribution foncière permet au Trésor de suivre son gage aux mains des tiers-acquéreurs de l'immeuble. Mais le privilège du droit de mutation, nous le savons déjà, n'est pas opposable aux tiers-acquéreurs des biens héréditaires. Si ces biens sur les revenus desquels porte le privilège du Trésor sont vendus, le privilège va-t-il s'éteindre ?

La majorité de la doctrine et de la jurisprudence décident qu'il survit et grève les intérêts du prix de vente (1).

---

(1) Cass. 23 et 24 juin 1857 (4 arrêts); S. 57. 1. 438.
Cass. 24 nov. 1869 ; S. 70. 1. 88. D. 70. 1. 339.
Grenoble, 28 janv. 1871 ; S. 72. 2. 51. D. 72. 2. 245.
Toulouse, 20 juin 1872 ; D. 74. 2. 17.
Pau, 2 déc. 1890; D. 91. 2. 275; S. 92. 2. 177.
Bordeaux, 16 juin 1891; S. 92. 2. 265; D. 93. 5. 267.
Bordeaux, 18 fév. 1892; D. 92. 2. 512.
Baudry-Lacantinerie et de Loynes: T. I, § 658.
Guillouard: T. II, § 572.
Aubry et Rau: T. III, p. 301. *n.*
Naquet : *Droits de l'Enreg.* T. III, § 1229.
Garnier: *Rep.* v° *succession*, § 1452.

Cette solution a été vivement discutée et reste toujours très discutable. On dit bien, pour la défendre, que le prix de la chose vendue a remplacé cette chose même dans le patrimoine de la succession, que les intérêts du prix correspondent aux fruits que cette chose produisait, mais l'argument n'est pas convaincant. Le privilége des droits de mutations est un privilège spécial qui ne porte que sur les revenus des biens de la succession. Le prix de la vente ne fait pas partie des biens de la succession. et ses intérêts ne peuvent être grevés de plein droit du privilège. Ils ne peuvent pas davantage l'être en vertu du texte de la loi de frimaire an VII dont aucune disposition n'autorise même implicitement cette théorie. C'est donc à bon droit qu'on peut reprocher à ce système d'être arbitraire et de s'écarter du grand principe de l'interprétation restrictive des privilèges fiscaux.

La principale raison qu'invoquent les partisans de ce système est une raison d'ordre pratique : faute de droit de suite de privilège du Trésor s'éteint lorsqu'on aliène les biens successoraux ; le débiteur du Trésor pourra donc rendre de nul effet le privilège du fisc au moyen d'une série d'aliénations frauduleuses, et on ne peut parer à ce danger qu'en étendant le privilège sur les intérêts du prix payé. Comme il arrive souvent en matière fiscale, c'est cette considération pratique qui a entraîné le mouvement de la doctrine et de

---

Dict. de l'Enreg. v° *succession*, § 2262.
Contra :
Troplong : *Op. cit.* T. 1, § 97.
T. com. Seine : 21, 22 nov. 1862 (*Rep.* de Garnier, § 1726).

la jurisprudence ; mais la théorie qu'a fait prévaloir la Régie de l'Enregistrement n'en reste pas moins très discutable au point de vue juridique. Si d'ailleurs on admet ce système pour le privilège des droits de mutation par décès, pourquoi ne pas l'admettre pour celui de la contribution foncière ? On pourrait dire que les intérêts du prix de vente de l'immeuble imposé rentrent dans les « loyers et revenus » dont parle la loi de 1808. Et alors à quelle solution choquante n'arriverait-on pas ? — D'une part le privilège, grâce à son droit de suite, continuerait à grever les fruits de l'immeuble — d'autre part il grèverait les intérêts du prix de la vente, et ainsi le gage du Trésor se trouverait doublé. Une semblable interprétation s'éloigne trop de la maxime : *privilegia non sunt extendenda* (1) (2).

II) Ce que nous venons de dire de la vente pourra

---

(1) Sureau : *Op. cit.* p. 92.

(2) On a donné encore en faveur du système jurisprudentiel cet argument singulier. « Si l'aliénation des biens héréditaires avait eu lieu quelques jours avant le décès, il est incontestable que les intérêts, courus du jours du décès, seraient, en leur qualité de fruits civils soumis à l'action privilégiée du Trésor. On ne comprendrait pas dès lors que la solution fût différente par cela seul que l'aliénation se serait produite quelques jours après le décès... » (Cabanis : *Thèse* p. 175). Il nous semble que cela se comprend au contraire très bien, puisque la situation est changée du tout au tout. Si l'aliénation avait eu lieu avant le décès, le prix de vente, ou plutot, la créance du prix, eut été un bien de la succession.

A notre avis le système jurisprudentiel pourrait cependant se justifier, soit par une construction partant de l'idée de subrogation réelle, soit par un argument d'analogie tiré de l'art. 2 de la loi du 19 fév. 1889. cité plus loin. Cette loi assimile et identifie à l'objet sinistré l'indemnité d'assurance qui le représente, et il appert des travaux préparatoires que le législateur a décidé ainsi en assimilant l'indemnité d'assurance au prix de vente. De là une théorie possible identifiant complètement le prix de vente à l'objet, et les intérêts du prix aux revenus de l'objet.

s'appliquer à l'échange, sauf en ce qui concerne les immeubles.

a) Dans l'hypothèse où un immeuble affecté par privilège au Trésor aurait été échangé contre un autre, l'immeuble nouvellement acquis serait également grevé par le privilège. De deux choses l'une en effet : Ou il s'agit d'un privilège général sur les immeubles, et tout nouvel immeuble entré dans le patrimoine du débiteur sera grevé par lui ; — Ou il s'agit d'un privilège spécial : le privilège sur les biens des comptables, et le nouvel immeuble sera encore grevé, car il remplit les deux conditions prévues par la loi : il est acquis à titre onéreux et postérieurement à la nomination du comptable.

Il en serait encore de même et pour la même raison si le comptable échangeait ce nouvel immeuble contre un immeuble acquis avant sa nomination, et par con séquent non grevé du privilège.

b) Dans l'hypothèse où un meuble grevé par un privilège général du fisc serait échangé contre un autre meuble, il faudrait donner la même solution que dans l'hypothèse de la vente et pour les mêmes raisons.

c) Enfin, dans l'hypothèse où un bien successoral, grevé du privilège des droits de mutation par décès aurait été échangé contre un autre, nous retrouvons la même difficulté que précédemment. Si on admet que le privilège peut porter sur les intérêts du prix de la vente, on doit pareillement admettre, pour être logique, qu'il peut porter sur les revenus de l'objet échangé. Les raisons de décider sont les mêmes dans l'un et l'autre cas. — Et cependant la jurisprudence a reculé devant cette conséquence de son système (1).

III) Lorsque le bien vient à périr et est remplacé dans le patrimoine du débiteur par une indemnité d'assurance, le privilège survit et grève l'indemnité versée. Cette solution — contraire au système du Code civil — résulte du texte d'une loi spéciale, la loi du 19 février 1889 (2).

Le Trésor exercera donc son privilège sur l'indemnité représentative de l'immeuble ou du meuble sinistré. — Si son gage se composait des fruits d'un bien immobilier, il l'exercera sur la portion de l'indemnité totale représentative des fruits détruits. Toutefois l'embarras commence dans l'hypothèse où l'objet sinistré se trouvait être un bien meuble dont les revenus étaient affectés au privilège du Trésor : c'est l'hypothèse du privilège des droits de mutation par décès. — L'indemnité d'assurance en effet, ne pourra être atteinte par le privilège, puisqu'elle représente l'objet même et non ses revenus. Le privilège pourra-t-il donc porter sur les intérêts de l'indemnité.

Ici nous répondrons sans hésiter par l'affirmative, parce qu'un texte précis confirme la théorie hypothé-

---

(1) Caen 24 jan. 1888 ; S. 90. 2. 193 et la note.

(2) *Loi 19 fév. 1889 :*

ART. 2. — Les indemnités dues par suite d'assurance contre l'incendie, contre la grêle, contre la mortalité des bestiaux ou les autres risques, sont attribuées, sans qu'il y ait besoin de délégation expresse, aux créanciers privilégiés ou hypothécaires suivant leur rang. — Néanmoins les paiements faits de bonne foi avant opposition sont valables.

tique sur laquelle la jurisprudence a bâti son système de l'extension du privilège aux intérêts du prix de vente. D'après l'opinion la plus généralement enseignée, les dispositions de l'art. 2 de la loi du 19 février 1889 sont basées sur l'idée d'une assimilation de l'indemnité d'assurance au prix de la chose. Le législateur a voulu, par une fiction juridique, que cette indemnité fût considérée comme identique au prix, ou mieux, identique à la chose sinistrée elle-même. « Ces indemnités, disait le rapporteur de la loi devant la Chambre des Députés, seront considérées comme la *représentation de l'objet sinistré*, au même titre que le prix de la vente de cet objet (1). » Si l'indemnité représente l'objet lui-même, il faut donc en conclure que ses intérêts représenteront les revenus de l'objet et pourront être atteints par le privilège du Trésor.

3. — Le privilège du Trésor s'éteindra lorsque les biens qui lui sont affectés, sans sortir du patrimoine du débiteur, se trouvent changer de nature juridique, par exemple lorsqu'un bien mobilier devient immeuble ou inversement.

Tout privilège mobilier du Trésor, général ou spécial, cessera de grever un objet qui lui était affecté, lorsque cet objet deviendra immeuble par destination (art. 520-527 C. civ.).

Il est admis par tous les auteurs que cette règle doit s'appliquer aux privilèges du Trésor qui portent sur

---

(1) *Journal off. 1889*. Doc. parlem. Chambre p. 548 — Cité par Baudry-Lacantinerie : *Précis*, 6e éd., T. III § 1062 *ter*.

les meubles proprement dits (Cf. *supra* § 1). Mais l'accord cesse quand il est question de l'appliquer aux privilèges qui portent sur les fruits et revenus.

L'immobilisation des fruits peut se produire dans un certain nombre d'hypothèses différentes : — lorsque ces fruits ont été attachés au sol à perpétuelle demeure, réservés pour l'ensemencement, ou immobilisés d'une manière quelconque (art. 524 C. civ.); — lorsque l'immeuble qui les produit est saisi et que les fruits ont été produits postérieurement à la transcription de la saisie (art. 682-685 C. proc. civ.); — lorsque, dans l'hypothèse d'une vente volontaire, le créancier adresse à l'acquéreur une sommation de payer ou délaisser (art. 2176 C. civ.) — lorsque l'acquéreur fait notification de son titre aux créanciers inscrits pour provoquer une surenchère (art. 2183 et 2184 C. civ.).

Quelle que soit la cause de l'immobilisation, le privilège du Trésor peut-il continuer à s'exercer sur les fruits qui lui sont affectés, une fois qu'elle s'est produite?

A cette question les Régies financières répondent naturellement par l'affirmative, sous le bénéfice de la distinction suivante :

S'agit-il du privilège de la contribution foncière? Le privilège du Trésor pourra s'exercer nonobstant l'immobilisation des fruits, parce qu'il est armé d'un droit de suite qui lui permet de suivre son gage toujours et partout, et qui empêche l'immobilisation de produire effet contre lui. Celle-ci n'est opposable qu'aux créanciers chirographaires et aux créanciers privilégiés non armés d'un droit de suite (1). — D'ailleurs l'immobilisation est édictée dans l'intérêt des créanciers hypothécaires puisque l'art. 685 dispose que « les loyers et fermages seront immobilisés à partir de la transcription de la saisie pour être distribués avec le prix de l'immeuble par ordre d'hypothèque ». Or les créanciers privilégiés sont préférables aux créanciers hypothécaires (2). — On doit encore considérer les contributions comme une charge des fruits et n'admettre qu'il n'y a de revenus disponibles que défalcation faite des sommes dues à l'Etat (3). — Enfin l'opinion contraire est trop opposée aux intérêts de l'Etat pour supposer qu'elle puisse être dans l'esprit de la loi (4).

S'agit-il du privilège des droits de mutation ? Etant donné que celui-ci ne peut pas être exercé à l'encontre des ayants cause à titre particulier du débiteur, on ne peut plus donner la même solution. Mais la théorie de l'immobilisation n'ayant été introduite dans notre droit qu'en faveur des créanciers hypothécaires, elle ne saurait profiter qu'à eux. Une fois ceux-ci désintéressés, les effets de l'immobilisation cesseront et le surplus des revenus sera distribué comme si ces revenus n'avaient jamais été immobilisés (5).

Nous ne nous attarderons pas à réfuter ces différents

(1) Sureau : *Op. cit.* p. 89, sqq.

(2) Opinion du Garde des Sceaux, développée dans une lettre au Ministre des Finances le 1er décembre 1824, citée par Durieu (*Op. cit.* sur l'art. 11, § 113, p. 227).

(3) Durieu, *loc. cit.* p. 229.

(4) Durieu, *loc. cit.* § 112, p. 227.

(5) Sureau : p. 146.

arguments dont le meilleur ne vaut rien, et dont certains reposent sur une inexactitude manifeste (comme cette affimation que l'immobilisation profite aux seuls créanciers hypothécaires), parce qu'il existe une objection qui les renverse tous. Cette objection, c'est que les privilèges du Trésor portant sur les fruits sont des privilèges purement mobiliers, et ne peuvent dans aucun cas, s'exercer sur des immeubles. C'est en vain que l'on argumente du droit de suite, plus ou moins étendu, dont ces privilèges sont armés. Ce droit de suite n'a pas d'autre effet de suivre leur gage, soit un meuble, aux mains de certains tiers, mais que le bien prenne la nature d'immeuble, le gage sera détruit, le privilège s'éteindra, et le droit de suite disparaîtra avec lui.

Le privilège de la Régie cessera donc de pouvoir s'exercer à dater du jour de l'immobilisation des fruits (1).

Les privilèges immobiliers cessent pareillement de pouvoir s'exercer sur les parties de l'immeuble qui viennent à reprendre la nature mobilière ; ils cessent

---

(1) En ce sens :
Guillouard : t. II § 573.
Aubry et Rau : t. III, p. 310, note 33 *bis* et p. 301, note 2.
Baudry-Lacantinerie et de Loynes : t. I, § 658.
Demante : Note sous cass. 1er août 1898 ; S. 99. 1. 65.
Vergès : Th. doct. p. 79 et 130.
Cabanis : Th. doct. p. 175 sqq.
Cass. 24 juin 1857 ; S. 57. 1. 438.
Cass. 24 nov. 1869 ; S. 70. 1. 88 ; D. 70. 1. 339.
Grenoble 28 janv. 1871 ; S. 72. 2. 51. ; D. 72. 2. 46.
Cass. 4 déc. 1895 ; S. 96. 1. 93 ; D. 96. 1. 345.
Contra :
Cass. 1er août 1898 ; D. 99. 1. 413 ; S. 99. 1. 65.

de s'exercer sur l'immeuble aliéné pourvu que la mainlevée de l'inscription ait été accordée par le Trésor, ainsi que nous l'avons vu précédemment.

Toutefois il convient de remarquer que le Trésor ne voit pas pour cela son gage diminué, tous ses privilèges immobiliers étant doublés de privilèges généraux mobiliers qui grèvent aussitôt le bien nouvellement entré dans le patrimoine du débiteur.

CHAPITRE III

Des personnes à l'encontre desquelles s'exerce le privilège du Trésor.

1. Division.
2. Débiteur principal et personnes interposées.
3. Débiteurs accessoires.
4. Détenteurs et autres personnes tenues *propter rem*.
5. Tiers acquéreurs et autres personnes jouissant d'un droit réel sur la chose.

1. — A l'encontre de quelles personnes le privilège du Trésor peut-il être exercé ?

Il est difficile de répondre à cette question par une théorie générale, car les différents privilèges fiscaux obéissent chacun, à ce point de vue, à des règles particulières, dérogeant plus ou moins au droit commun. Non seulement ils peuvent être exercés, comme tous les privilèges, contre le débiteur lui-même, ou contre les tiers ayant acquis des droits réels sur la chose — dans l'hypothèse ou ils sont armés d'un droit de suite, — mais encore ils permettent d'atteindre une série d'autres personnes qui ne sont tenues à la dette qu'accessoirement ou pas du tout.

Nous diviserons ces personnes en quatre groupes différents, savoir :

1° Le débiteur principal ;

2° Les débiteurs accessoires et coobligés ;

3° Les détenteurs de la chose et les personnes tenues *propter rem* ;

4° Les tiers acquéreurs et les personnes ayant acquis un droit réel sur la chose.

A chacune de ces catégories de personnes correspond un ou plusieurs privilèges du Trésor qui peuvent s'exercer contre elle. On pourrait donc dresser une classification parallèle des privilèges par rapport à la catégorie de personnes contre lesquelles ils s'exercent. Nous remarquerons par exemple que le quatrième groupe n'est soumis qu'à l'exercice des privilèges armés d'un droit de suite, tandis que les trois autres restent exposés à l'exercice des actions privilégiées du Trésor qui ont le caractère purement personnel.

Ceci dit, reprenons successivement ces quatre catégories.

2. — Tous les privilèges du Trésor peuvent être exercés sur les biens du débiteur principal. Nous avons vu précédemment en énumérant ces privilèges quels étaient les différents débiteurs du Trésor, il n'y a pas à y revenir.

Toutefois nous devons reprendre en la développant un peu une théorie déjà signalée en passant : celle de la *personne interposée*.

Il faut entendre ici par personne interposée toute

personne de connivence avec le débiteur, aux mains de laquelle ce dernier aurait transféré la propriété de biens affectés par privilège au recouvrement des droits du Trésor, dans le seul but de se rendre insolvable, ou, au moins, de priver le Trésor de son gage. La personne interposée ne faisant que masquer la personnalité du vrai débiteur ne doit pas être considérée comme un tiers ayant acquis un droit propre sur la chose, et les droits et actions opposables au débiteur lui doivent être pareillement opposables.

La loi du 5 septembre 1807 a fait une application de cette théorie à la femme du comptable de deniers publics. La femme est présumée personne interposée à l'égard de certains meubles et immeubles acquis par elle, lorsqu'elle ne peut pas faire tomber la présomption en fournissant la preuve contraire. La loi suppose qu'elle n'est que le prête-nom de son mari, qu'elle a effectué ses achats au moyen des deniers fournis par ce dernier, et étend le privilège du Trésor sur ces différents biens, comme s'ils avaient été acquis par le comptable lui-même (1).

L'étendue de la présomption d'interposition est déterminée par la loi elle-même. — Pour les meubles, elle s'applique seulement à ceux trouvés dans la maison d'habitation du mari, à l'exclusion des valeurs déposées en banque, des meubles déposés dans un garde-meuble, etc..., à l'exclusion aussi des meubles

---

(1) Pourvu bien entendu que ces biens se trouvent dans les conditions requises pour que le privilège du Trésor puisse les grever. — V' *Supra*. Ire partie, chap. I. § 3.

placés dans le domicile de la femme, lorsque celle-ci est séparée de corps et autorisée à avoir un domicile distinct. — Pour les immeubles elle s'applique sans distinction à tous ceux acquis à titre onéreux postérieurement à la nomination du comptable; et subsiste par conséquent même en cas de séparation de corps.

Mais est-ce seulement à la femme du comptable que doit s'appliquer la présomption d'interposition ou encore à d'autres personnes ?

Un arrêt de la Cour de Limoges n'a pas craint de l'étendre aux enfants du comptable. « Considérant, dit cet arrêt, que ce serait inutilement que la loi du 24 août 1790 (1) aurait affecté tous les biens acquis, à quelque titre que ce soit, par les comptables à la sûreté de leurs débets, s'ils pouvaient employer les fonds de leur caisse à faire des acquisitions en faveur de leurs enfants; que par ce moyen ils auraient la faculté d'éteindre l'hypothèque du Trésor public par une interposition de personnes ; d'où il suit que lorsque, comme dans l'espèce, l'enfant n'a aucune espèce de de moyens d'acquérir, et que c'est des deniers du père commun que l'acquisition est faite, la *présomption de droit* est qu'elle est faite en fraude de la loi.... Par ces motifs, déclare que le domaine Busseroles est la propriété de C... père et qu'il demeure affecté à la créance du Trésor public (2). »

---

(1) L'arrêt a été rendu sous l'empire d'une législation antérieure à la loi de 1807, mais le texte cité établissait déjà la présomption d'interposition à l'égard des femmes des comptables.

(2) Limoges 22 juin 1808; S. 1812, 2, 205. Cité par Dumesnil et Pallain § 258.

Cet arrêt créait une nouvelle théorie étendant arbitrairement la présomption légale d'interposition à d'autres personnes que celles désignées par la loi personnes auxquelles elle paraissait pouvoir utilement s'appliquer. Mais une fois engagé dans cette voie il n'y avait plus de raison pour s'arrêter. Après avoir étendu la présomption au fils du comptable, on pouvait l'étendre au père de celui-ci, à ses frères, parents, amis et finalement à tout tiers quelconque soupçonné d'entente frauduleuse avec lui. Une pareille interprétation de la loi de 1807 est absolument inadmissible. La présomption d'interposition, édictée spécialement à l'égard de la femme du comptable ne peut s'appliquer qu'à cette dernière, et dans les limites tracées par le texte de la loi.

Toutefois, si l'arrêt de Limoges était mal motivé en droit, il l'était mieux en fait, et exprimait mal une idée juste. Cette idée est la suivante : lorsque le Trésor est certain que l'acquisition faite par un parent du comptable ou par un tiers a été faite au moyen des deniers fournis par le comptable et pour le compte de celui-ci, lorsqu'il peut prouver qu'il y a eu interposition frauduleuse de personnes, il peut faire tomber l'acte dolosif au moyen de l'action paulienne. C'est l'application pure et simple du droit commun. Mais on ne saurait dire qu'il y ait alors une présomption d'interposition puisque le Trésor est tenu au contraire de prouver l'interposition. On ne saurait invoquer davantage le texte de la loi de 1807, puisque c'est l'article 1167 Code civil qui trouve ici son application.

Ce dernier point est cependant contesté. Certains

auteurs, tout en admettant que la présomption d'interposition est applicable à la femme seulement, enseignent que la loi de 1807 peut être appliquée à d'autres personnes interposées, pourvu que le Trésor rapporte la preuve de cette interposition (1). Mais cette interprétation est toujours une extension arbitraire de la loi et ne saurait avoir plus de raisons d'être admise que celle de la Cour de Limoges. Il y a eu un transfert de propriété sur la tête de la personne interposée, et le Trésor ne peut pas méconnaître ce transfert pour étendre son privilège sur la propriété transférée quand un texte exprès ne l'y autorise pas. Or, le texte ne l'y autorise que lorsque la personne interposée est la femme même du comptable. Donc, dans toutes les autres hypothèses, le Trésor pourra seulement se prévaloir des dispositions du droit commun et mettre en jeu l'action paulienne.

3. — Un second groupe de privilèges fiscaux s'exerce non seulement à l'encontre du débiteur principal, mais encore à l'égard des débiteurs accessoires, coobligés ou cautions. Le privilège des Douanes et celui des Contributions indirectes sont opposables à la caution

---

(1) Guillouard, t. II, § 594.
Dumesnil et Pallain, § 258.
Ducos : p. 154.
M. Ducos fait une distinction. Si le Trésor peut prouver : 1° Que le bien acheté par le tiers a été payé des deniers du comptable ; 2° qu'un concert frauduleux a eu lieu entre le tiers et le comptable, le privilège de la loi de 1807 s'étendra sur ce bien. Mais si le Trésor ne peut pas rapporter la preuve du concert frauduleux, le Trésor ne pourra agir que conformément au droit commun, en invoquant les articles 1166, 1167 du Code civil.

du débiteur ou à ses coobligés ; le privilège des frais de justice s'exerce non seulement contre le condamné, mais encore contre les parties déclarées civilement responsables des frais (1).

Cette solution paraît à première vue une extension abusive des privilèges du Trésor, au delà des limites que lui tracent les lois fiscales. La cour de Grenoble a même cru devoir se prononcer en sens contraire en donnant pour raison « que si la loi du 22 août 1791 attribue à la Régie des Douanes un privilège sur les meubles des comptables et des redevables, elle n'assujettit pas au même privilège les meubles des cautions » (2).

En réalité, les différents coobligés que nous venons d'énumérer sont tenus personnellement vis à vis du Trésor; ils sont de véritables redevables, et soumis comme tels au droit commun au même titre que les débiteurs principaux. La distinction établie entre ceux-ci et ceux-là est toute de surface ; les uns et les autres sont dans la même situation vis-à-vis de l'Administration.

Les cautions soumissionnées d'un redevable des droits de douane, pour prendre un exemple qui a donné lieu à controverse, sont certainement des redevables au sens où l'entend la loi de 1791, car cette loi même se sert du mot de redevables pour les dési-

---

(1) *Pandectes françaises*, v° *Privilège*, § 3247.

(2) Grenoble, 30 août 1814. Un arrêt de la Cour de cassation a cassé cette décision tout en adoptant la même théorie dans ses motifs (Cass., 14 mai 1816) — Dalloz : *Rep.*, v° *Privilège*, § 544.

gner (1). Le débiteur et la caution sont au même titre débiteurs personnels du Trésor. Le privilège du Trésor doit donc grever également les biens de l'un et de l'autre (2).

Ce que nous venons de dire des cautions d'un redevable des douanes s'appliquerait également à la caution d'un redevable de la Régie des Contributions indirectes et autres coobligés (marchand en gros responsable des taxes dues par le destinataire des marchandises, etc.).

4. — Tout créancier privilégié peut exercer son privilège sur les biens de son débiteur qui lui sont affectés, alors même que ces biens se trouveraient aux mains d'un tiers détenteur. Il n'est point nécessaire pour cela

---

(1) Loi 6-22 août 1791, tit. XIII :

Art. 31. — Lorsque le receveur aura fait crédit des droits, il sera en cas de refus ou de retard des *redevables*, autorisé à décerner contrainte, en fournissant en tête de la contrainte, extrait du registre qui contiendra la *soumission des redevables*.

Ce texte vise certainement les cautions, le mot de soumission le prouve. En effet, les receveurs font, dans certains cas particuliers, crédit des droits de douane, ils doivent exiger du débiteur une caution bonne et solvable. Cette caution signe une *soumission*, c'est-à-dire un engagement écrit d'acquitter les droits qui auront été reconnus exigibles. Le débiteur principal signe une soumission analogue. Lors donc que la loi parle *de la soumission des redevables* au pluriel, elle entend certainement par là la soumission du débiteur et celle de la caution.

(2) En ce sens :
Dalloz : *Rep.*, v° *Privilèges*, § 544.
Dalloz : *Supp. eod.*, § 291.
Pont : T. I, § 31.
Guillouard : T. II, § 559.
Baudry Lacantinerie et de Loynes : T. I, § 652.
Aubry et Rau, t. III, § 263 *bis*.
Cass. 12 déc. 1822 ; S. 23. 1. 164.
Cass. 4 janv. 1888 ; S. 88. 1. 329.

que le privilège soit armé d'un droit de suite, le détenteur n'ayant pas de droit réel sur la chose.

Les privilèges du Trésor obéissent sur ce point au droit commun. Toutefois la loi du 12 novembre 1808 a modifié et aggravé singulièrement la situation des détenteurs de biens affectés au privilège des Contributions directes. Ceux-ci ne sont plus seulement tenus de laisser saisir entre leurs mains les biens grevés par le privilège du fisc, ils sont tenus de verser directement et sur simple sommation les sommes qu'ils détiennent aux mains du percepteur.

« Tous fermiers, receveurs, économes, notaires, commissaires-priseurs et autres dépositaires et débiteurs de deniers provenant du chef des redevables et affectés au privilège du Trésor public seront tenus, sur la demande qui leur en sera faite, de payer en l'acquit des redevables et sur le montant des fonds qu'ils doivent, ou qui sont entre leurs mains, jusqu'à concurrence de tout ou partie des contributions dues par ces derniers. Les quittances des percepteurs pour les sommes légitimement dues leur seront alloués en compte » (1).

Ce texte a donné lieu à deux interprétations différentes. On s'est demandé si les différentes personnes énumérées par la loi et dont l'énumération n'est d'ailleurs pas limitative, étaient tenues de payer seulement en tant que détenteurs, *propter rem*, ou si la loi ne leur imposait pas une obligaton personnelle. On s'est appuyé pour soutenir ce dernier

---

(1) Loi du 12 nov. 1808 ; art. 2.

système sur les mots « seront tenus de payer ». En conséquence, dit-on, la simple demande adressée par le percepteur vaut une opposition entre leurs mains. S'ils n'y satisfont pas ils se trouvent personnellement obligés sur leurs biens vis à vis du Trésor, et la voie de la contrainte administrative peut être employée contre eux (1).

Cet argument de texte n'est aucunement décisif et peut-être très facilement retourné contre le système en faveur duquel on l'invoque. Pour comprendre le sens de notre article 2, il ne suffit pas d'en détacher trois mots ; il faut placer ces mots au milieu de leur contexte et lire la phrase en entier « ...Seront tenus de payer," dit la loi, *sur le montant des fonds qu'ils doivent ou qui sont entre leurs mains* ». c'est-à-dire seront tenus en qualité de détenteurs, *ob rem*, et non pas personnellement. Le sens est très clair, et cette explication a l'avantage d'être en harmonie avec les principes généraux du droit, et d'être conforme à la règle d'interprétation restrictive des privilèges.

5. — Enfin, un quatrième groupe comprend les privilèges du Trésor armés d'un droit de suite, privilèges qui peuvent s'exercer, comme les privilèges immobiliers, à l'encontre de personnes jouissant d'un droit réel sur la chose. Une seule restriction a été

---

(1) Dalloz. *Rep.* Impôts directs § 590.
Durieu : Op. cit. §§ 19 à 29, sur l'art. 14, t. I, p. 293.
Sureau : *Th. Doct.*, p. 114.

apportée à ce principe, ainsi que nous l'avons vu précédemment, au sujet du privilège des droits de mutation qui ne peut s'exercer à l'encontre des tiers acquéreurs de l'héritier. Le privilège de la contribution foncière au contraire peut s'exercer à l'encontre des tiers acquéreurs de l'immeuble. Il s'exercera pareillement à l'encontre des fermiers, usufruitiers, emphytéotes, créanciers hypothécaires, donataires, etc.

Des difficultés se sont élevées dans la pratique au sujet de l'étendue des obligations du fermier. Ces difficultés nous paraissent provenir d'une confusion entre les deux obligations dont est tenu le fermier, en tant que détenteur d'une part et en tant que locataire de l'autre.

En tant que détenteur des deniers qui représentent le prix du fermage et qu'il doit au propriétaire, le fermier est tenu de supporter la saisie de ces deniers opérée entre ses mains par le fisc, et même de vider ses mains en celles du percepteur à première réquisition. — En tant que locataire de l'immeuble jouissant sur les fruits de cet immeuble d'un droit réel, il est tenu de supporter l'exercice du privilège de la contribution foncière sur lesdites récoltes.

De la combinaison de ces deux obligations, il résulte que, si le fermier ne paie pas la contribution foncière de l'immeuble sur les deniers qu'il doit à son propriétaire, il s'expose à voir ses récoltes saisies. Il en est de même d'ailleurs s'il ne peut pas la payer, n'ayant entre les mains aucuns deniers dus à son propriétaire. Certains auteurs ont voulu aggraver cette obligation, déjà assez rigoureuse par elle-même en décidant : 1° Que le fermier était tenu personnellement au paiement de la contribution foncière; 2° Qu'il en répondait sur tous ses biens. (1)

Cette théorie est appuyée sur une série de textes antérieurs à la loi du 12 novembre 1808 qui, tous, obligent le fermier à faire l'avance des contributions pour le propriétaire (2). Les fermiers, sous l'empire de cette législation, étaient des débiteurs accessoires de la contribution foncière dont la situation se rapprochait beaucoup de celle des cautions en matière de douanes ou de contributions indirectes. Toute la question est donc de savoir si la loi de 1808 a abrogé ces textes antérieurs ou si elle les a laissés subsister et doit se combiner avec eux.

Nous croyons que l'intention du législateur a été en édictant la loi de 1808 d'abroger toutes les lois antérieures relatives aux privilèges de la contribution foncière et des autres contributions directes, pour unifier sur ce point la législation. Pour n'en citer

---

(1) Durieu : *Op. cit.* sur l'art. 13, t. I, pp. 255 sqq.
Cass. 4 Déc. 1895 ; S. 96, 1, 93.
Cet arrêt admet cependant que le fermier ne répond de l'obligation de payer la contribution foncière que sur l'immeuble qu'il tient à ferme.

(2) Loi 2 thermidor an III, art. 9. — L. 3 nivôse an IV. — L. 18 brumaire an VII, art. 8. — L. 18 prairial an V, art. 27. — L. 3 frimaire an VII, art. 147.
Ce dernier texte, un des plus explicites, est ainsi conçu : « Tous fermiers ou locataires seront tenus de payer à l'acquit des propriétaires ou usufruitiers, la contribution foncière pour les biens qu'ils auront pris à ferme ou à loyers. »
Cf. Ducos : *Op. cit.* p. 81.
Vergès : *Op. cit.* p. 60.
Sureau : *Op. cit.* p. 100.

qu'une preuve, le privilège de la contribution foncière était réglé avant 1808 par une loi du 11 brumaire an VII (art. 2) qui garantissait le recouvrement de la contribution foncière au moyen d'un privilège immobilier dispensé d'inscription. Cette loi a évidemment été abrogée par celle de 1808, bien que ce dernier texte ne le dise pas expressément. L'intention du législateur a été certainement que le Trésor ne puisse invoquer d'autre garanties que celles de la loi de 1808. Ne doit-on pas considérer comme abrogées en même temps toutes les dispositions réglementaires qui se rattachaient à l'ancienne législation ?

D'ailleurs le système proposé tiré des textes antérieurs à la loi de 1808 se trouve en contradiction avec les conséquences de cette loi relatives aux obligations du fermier, telles que nous venons de les déterminer. Nous pouvons donc considérer à bon droit ces anciens textes comme abrogés et repousser le système qui prétend s'appuyer sur eux.

Le privilège des droits de mutation par décès peut s'exercer à l'encontre de tous les héritiers, donataires et légataires. Lorsqu'il est exercé à l'encontre des héritiers et des successeurs in *universum jus* du défunt, personne ne conteste qu'il garantisse la totalité de la créance. Mais on a soutenu que lorsqu'il s'exerce contre des légataires à titre particulier, il ne garantit que le payement des droits auxquels sont tenus ces légataires. La loi de frimaire an VII, dit-on, dispose d'une part que « les droits seront payés par les héritiers, donataires et légataires » et « que les cohéritiers seront solidaires », d'autre part que « la

Nation a action... pour le payement des droits ». Cela signifie que l'action réelle du Trésor ne peut être intentée contre un successible que pour le recouvrement des droits dus par ce dernier. Si l'action est dirigée contre un héritier ou un successeur à titre universel, elle garantira l'intégralité de la créance du Trésor en vertu de la solidarité édictée par la loi entre les héritiers. Mais comme le légataire à titre particulier n'est pris dans les liens d'aucune solidarité, et qu'il ne doit que la portion des droits de mutation afférente aux biens qu'il a recueillis, le privilège ne garantit que le payement de ces droits (1).

Cette interprétation très restrictive du texte de la loi nous paraît incompatible avec ces deux principes pourtant certains : — d'une part que le privilège en question est armé d'un droit de suite ; — et d'autre part qu'il est indivisible. Nous ne croyons pas que la loi de frimaire ait voulu établir une corrélation quelconque entre la somme due personnellement pour droits de mutation par le légataire et le montant de la somme pour laquelle il est tenu de supporter l'exercice du privilège. Le privilège garantit l'intégralité de la créance du Trésor. Etant indivisible, il la garantit tout entière sur chaque portion des revenus successoraux. Etant armé d'un droit de suite, il permet de poursuivre cette portion des revenus successoraux aux mains d'un légataire à titre particulier. Ce dernier est obligé de supporter l'exercice du privilège sur les revenus des biens qui lui sont dévolus, non pas en tant que débiteur person-

(1) M. Wahl. Note sous Caen 24 janvier 1888 ; S. 90. 2. 193.

nel de l'impôt, mais en tant que tiers détenteur des biens privilégiés.

Par conséquent le privilège des droits de mutation peut s'exercer sur les revenus d'un bien héréditaire détenu par un successible qui n'est pas débiteur des droits réclamés. Il s'étend aux biens qui font l'objet d'un legs particulier pour garantir les droits dus par le légataire universel. Il s'étend aux revenus perçus par l'usufruitier pour garantir le paiement des biens dus par le nu-propriétaire. En un mot le droit de mutation a le caractère d'une dette naissant avec l'ouverture de la succession et inhérente à l'ensemble des biens qui la composent.

Telle est la théorie très simple qui résulte des principes généraux du droit et qui s'harmonise parfaitement avec le texte de la loi de frimaire. « Les droits des déclarations des mutations par décès seront payés par les héritiers, donataires ou légataires. Les cohéritiers seront solidaires. La nation aura action sur les revenus des biens à déclarer en quelques mains qu'ils se trouvent, pour le payement des droits dont il faudrait poursuivre le recouvrement. »

C'est d'ailleurs celle qu'ont adopté la jurisprudence et la majeure partie de la doctrine. (1)

---

(1) Tr. Saint-Gaudens; 13 juin 1871; D. 73. 5. 220.
Tr. Brioude; 29 novembre 1876; *Rep.* Garnier, 3387.
Tr. Pontoise; 27 avril 1882; D. 82. 3. 111.
Tr. Lons-le-Saunier; 8 décembre 1884; D. 86. 5. 202.
Tr. Meaux; 12 mai 1886; D. 88. 5. 217.
Lyon; 23 juillet 1890; S. 91. 2. 170.
Aix; 4 décembre 1890; S. 91. 2. 97.
Caen; 24 janvier 1888; S. 90. 2. 193.
Guillouard: t. II § 572.
Baudry-Lacantinerie et de Loynes: t. I § 657.
Aubry et Rau: t. III p. 300.
Serrigny; *Rev. crit.* t. IX p. 538.

CHAPITRE IV

Du rang des privilèges du Trésor.

1. — Tous les privilèges du Trésor ne viennent pas au même rang; cela résulte d'une manière certaine des textes qui les instituent; mais il est assez délicat de déterminer le rang qu'il convient d'assigner à ces différents privilèges, au milieu de la classification générale des privilèges institués par le Code civil, le Code de commerce, et différentes lois spéciales.

Le Code civil, en effet, ne traite pas la question et se borne à un simple renvoi : « Le privilège à raison des droits du Trésor royal et l'ordre dans lequel il s'exerce, dit l'article 2098, sont réglés par les lois qui les concernent. » Si, d'autre part, on se réfère à ces lois spéciales, on les trouve peu explicites. Les unes oublient complètement d'aborder le problème du rang (c'est le cas de la loi de frimaire an VII pour le privilège des droits de mutation par décès). Les autres traitant la question d'un mot sans se référer aux principes et se trouvent parfois en opposition avec les principes généraux du droit civil. — Le Code crée une théorie générale du rang sans s'inquiéter des privilèges du Trésor. Les lois fiscales déterminent le rang de ces derniers sans s'inquiéter des théories générales. Les conflits entre privilèges fiscaux et privilèges civils sont par conséquent inévitables; et on ne peut résoudre ces conflits qu'en tenant compte tout à la fois des règles générales et du droit des dispositions particulières du droit fiscal.

C'est pourquoi avant d'entrer dans le vif de la question, nous croyons devoir rappeler brièvement les principes généraux du droit civil qui dominent la matière.

2. — Après avoir établi la division tripartite des privilèges généraux sur les meubles et les immeubles (art. 2101 et 2104), privilèges spéciaux sur certains meubles (2102), et privilèges spéciaux sur certains immeubles (2103), le Code ne classe d'une manière complète que les privilèges de l'article 2101. Pour les privilèges spéciaux, mobiliers ou immobiliers, il ne donne qu'une classification incomplète (art. 2102 et 2103). Enfin il ne prévoit pas d'une manière générale le conflit de ces différentes catégories de privilèges entre eux, et ne résout que quelques hypothèses de conflits particuliers. L'œuvre de la doctrine a été de combler ces lacunes.

I. — *Classement des privilèges spéciaux mobiliers.* — Le système qui consistait à suivre pour le classement des privilèges spéciaux mobiliers l'ordre déterminé par l'article 2102, est aujourd'hui complètement abandonné. L'énumération de l'article 2102, en effet, est tout d'abord incomplète. Il faut donc, en s'appuyant sur les hypothèses particulières qui y sont traitées, rechercher quels sont les motifs qui ont inspiré le législateur dans son œuvre, et appliquer ensuite ces principes généraux à la détermination du rang des autres privilèges.

Les principes qui régissent cette matière sont les suivants :

Les privilèges spéciaux mobiliers peuvent être rattachés à trois idées : l'idée de nantissement, l'idée de conservation de la chose et l'idée d'augmentation du patrimoine du débiteur.

Les privilèges fondés sur l'idée de gage ou de nantissement priment tous les autres privilèges dont la chose peut être grevée, si les créanciers nantis de la chose sont de bonne foi et ignorent l'existence des privilèges antérieurs.

Lorsqu'un conflit se produit entre un privilège fondé sur l'idée de conservation de la chose et un privilège fondé sur l'idée d'augmentation du patrimoine du débiteur, le premier prime le second.

La classification générale s'opère donc dans l'ordre suivant :

1° Privilèges fondés sur l'idée de nantissement ;

2° Privilèges fondés sur l'idée de conservation de la chose ;

3° Privilèges fondés sur l'idée d'augmentation du patrimoine.

Exceptionnellement les privilèges de la seconde catégorie pourront venir au premier rang si les frais pour la constitution de la chose ont été faits postérieurement à la constitution du gage.

II. — *Conflit entre les privilèges mobiliers généraux et spéciaux.* — Le conflit entre les privilèges généraux et les privilèges spéciaux sur les meubles est un des points les plus discutés de notre droit. Il est cependant un privilège de cette catégorie pour lequel tous les auteurs tombent d'accord : c'est le privilège des frais de justice auquel tout le monde assigne le premier rang, à raison de l'utilité pour tous les créanciers des frais ainsi faits; sans frais de justice, la réalisation du gage commun ne serait pas possible. Mais ce privilège mis à part, les controverses commencent. Nous n'avons pas à entrer dans leur détail ; disons seulement que trois systèmes se partagent la doctrine. — L'un fait primer dans tous les cas les privilèges spéciaux par les privilèges généraux. — Un autre, prenant le contrepied du premier, accorde la préférence aux privilèges spéciaux. — Un troisième, intermédiaire entre les deux autres, classe les privilèges, non pas d'après leur caractère spécial ou général, mais uniquement d'après la faveur qui s'attache à la créance.

III. — *Classement des privilèges spéciaux immobiliers.* — Le classement de ces privilèges offre peu de difficultés. En s'appuyant sur l'exemple concret donné par le Code civil dans son art. 2103, on arrive facilement à déterminer le critérium qu'il faut suivre. L'art. 2103 prévoit l'hypothèse d'un conflit entre deux on plusieurs vendeurs successifs et décide que le premier sera préféré au second, le second au troisième, etc.... Or, le privilège du vendeur, comme d'ailleurs tous les privilèges spéciaux immobiliers, est fondé sur cette idée que le vendeur, le créancier, a mis une valeur dans la masse commune. La règle qui se dégage de cet exemple, c'est que pour classer les privilèges spéciaux immobiliers, il suffit de classer les créanciers qui ont mis une valeur dans la masse commune. A celui qui a le premier augmenté le gage des autres créanciers appartiendra le premier rang, au second, le second rang, et ainsi de suite.

IV. — *Conflit entre les privilèges généraux et les privilèges spéciaux sur les immeubles.* — Ce conflit est prévu et tranché par l'art. 2104 du Code civil : « Lorsqu'à défaut de mobilier les privilégiés énoncés en l'article précédent se présentent pour être payés sur un immeuble avec les créanciers privilégiés sur l'immeuble, les paiements se font dans l'ordre qui suit : 1° les frais de justice et autres énoncés en l'art. 2101 ; 2° les créances désignées en l'art. 2103. »

Section II

Classement des privilèges du Trésor entre eux

Les lois particulières qui règlent les privilèges du Trésor permettent de déterminer assez facilement le rang qu'ils occupent les uns par rapport aux autres. Il convient à ce point de vue d'étudier successivement les privilèges généraux mobiliers, les privilèges spéciaux mobiliers et les privilèges immobiliers.

3. — Des six privilèges généraux mobiliers institués en faveur du Trésor public, celui qui occupe, sans contredit, le premier rang est le *privilège de la Régie des contributions directes*. « Ce privilège s'exerce *avant tout autre* » dit la loi du 12 novembre 1808. Le texte est formel, et la doctrine comme la jurisprudence, s'inclinant devant lui, ont toujours décidé que le privilège des contributions directes jouissait d'un rang de faveur.

La raison de cette faveur est facile à deviner. De tous les impôts qui alimentent les caisses du Trésor, les impôts directs étaient au commencement du XIXe siècle les plus importants, les plus certains dans leur rendement, ceux généralement destinés à faire face aux dépenses fixes du budget. C'est à eux que s'appliquaient surtout toutes les raisons que nous avons précédemment développées et qui tendent à faire entourer de garanties spéciales les créances du fisc à l'encontre des redevables. (1) C'est pourquoi le premier rang a été attribué au privilège qui en garantit le

(1) Durieu : *Op. cit.* sur l'art. 11, § 61, t. I, p. 192.

recouvrement. — Sous l'ancien régime, on trouve déjà ce privilège de premier ordre attaché à certains impôts directs. Un édit du mois de mai 1749 dispose dans son art. 12 : « Voulons que le vingtième du revenu des biens, ordonné être levé par notre présent édit soit payé suivant les rôles qui en seront arrêtés en notre conseil, en quatre termes égaux... par préférence à tous autres créanciers, douaires et autres dettes privilégiées ou hypothécaires, de quelque nature qu'elles soient, *même à nos autres deniers* (1). »

Certains auteurs ont cependant discuté le rang de faveur du privilège des Contributions directes et soutenu qu'il pouvait être primé par un autre privilège du Trésor : celui sur le cautionnement des agents comptables. Mais comme ce dernier n'est pas autre chose, somme toute, qu'une variété du privilège du créancier gagiste, nous nous occuperons de cette controverse dans notre seconde section, lorsque nous étudierons le conflit du privilège des contributions directes avec celui du créancier gagiste.

Le rang de faveur du privilège des Contributions directes s'applique également au *privilège du Timbre*, puisque celui-ci jouit du même rang que celui-là aux termes de la loi du 28 avril 1816 (art. 76). Par conséquent, si les deux Régies viennent en concurrence sur les biens d'un même débiteur, elles seront payées par contribution au marc le franc.

Le second rang appartient au *privilège de la Régie des Contributions indirectes*. Si l'on s'en tient à la

(1) Guyot, *Rep.* V° vingtièmes.

lecture du texte de la loi du 1er germinal an XIII, il semble que ce privilège jouisse lui aussi d'un rang particulièrement favorable et puisse même se trouver en conflit avec le précédent. « La Régie, dit l'article 47 de cette loi, aura privilège et préférence *à tous autres créanciers*..... à l'exception des frais de justice, de ce qui sera dû pour six mois de loyers seulement, et sauf aussi la revendication dûment formée par les propriétaires des marchandises en nature qui seront encore sous balle et sous corde. »

Si on admet pour la loi de 1808 l'interprétation que nous avons donnée, et qui est basée sur des raisons historiques, c'est-à-dire si on admet que les mots *avant tout autre* s'appliquent aussi bien aux privilèges du Trésor qu'aux privilèges civils, il n'y a pas de difficulté; le privilège des Contributions indirectes jouissant du premier rang parmi les *autres créanciers* devra s'exercer immédiatement après celui des Contributions directes. Mais il ne faut pas se dissimuler que cet argument de texte peut être retourné et employé à défendre la thèse inverse, à faire primer les Contributions directes par les Contributions indirectes. L'argument tiré de ce que la rentrée prompte et régulière des contributions directes importe davantage à l'équilibre budgétaire que celle des contributions indirectes n'est pas davantage irréfutable.

En réalité le rang du privilège qui nous occupe est bien déterminé par la loi de germinal an XIII, mais indirectement. En effet, la loi de 1808 a voulu faire primer par le privilège des Contributions directes tous les privilèges du droit civil. Nous avons déjà énoncé ce principe, nous aurons à le développer plus loin. Or, le privilège des Contributions indirectes est primé par certains privilèges civils, notamment par celui du bailleur. Donc il doit venir après le privilège des Contributions directes, et s'il vient après lui il ne peut venir qu'au second rang, puisqu'il s'exerce lui-même « avant toutes autres créances ».

Le *privilège de la Régie des douanes* a donné lieu à une discussion assez vive ; on s'est demandé s'il devait occuper le même rang que le privilège des Contributions indirectes, les créances des deux administrations venant au marc le franc, ou si, au contraire, il devait être primé par ce dernier. La raison d'hésiter est la suivante : la loi des 6-22 août 1791 (art. 22, Tit. XIII), dispose que « la Régie aura privilège et préférence *à tous* créanciers... à l'exception des frais de justice et *autres privilégiés*, de ce qui sera dû pour six mois de loyers seulement, et sauf aussi la revendication, dûment formée par les propriétaires des marchandises en nature qui seront encore sous balle et sous corde ».

Lorsque la loi de germinal an XIII, relative au privilège des Contributions indirectes a été rédigée, le législateur s'est borné à copier le texte précité, mais en lui faisant subir une légère modification. Il a supprimé les mots *et autres privilégiés*. De là est née la controverse. Qu'entendait le législateur de 1791 par ces mots *et autres privilégiés* ? Pourquoi ces mots ont-ils été supprimés par la loi de germinal an XIII? Trois systèmes ont été construits pour résoudre ce double problème.

a) Suivant une première opinion il faudrait éclairer le texte ambigu de 1791 avec celui de germinal an XIII visiblement calqué sur lui et plus clairement rédigé. Le terme d'*autres privilégiés* serait un terme vague, désignant sans doute les différentes espèces de frais faits pour la réalisation du gage et dont les frais de justice sont un cas particulier. Les deux textes auraient le même sens, les deux privilèges le même rang, et ce rang serait celui que nous avons assigné au privilège des Contributions indirectes (1).

b) Suivant un second système, l'expression *et autres privilégiés* aurait un sens très précis. Ces mots désigneraient les différents privilèges généraux mobiliers qui existaient en 1791, et qui étaient les suivants :

1° Frais funéraires ;

2° Frais de dernière maladie ;

3° Loyers des maisons ;

4° Gages des domestiques ;

5° Créance du vendeur de meubles impayés.

Soit à peu de choses près, les privilèges de l'art. 2101 C. Civ.

Le privilège des Douanes ne s'exercerait donc qu'après ces derniers.

Mais le privilège de la Régie des Contributions indirectes aurait, lui aussi, le même rang. En supprimant les mots *et autres privilégiés* le législateur n'aurait aucunement eu l'intention d'assurer un rang plus favorable au privilège des Contributions indirectes, ni de rien changer à l'économie de la loi de 1791. Il

(1) Ducos : *Op. cit.* p. 59.

aurait simplement sous entendu un mot, qui ne lui paraissait pas devoir être formellement exprimé (1).

c) Un troisième système enfin entend bien les mots *et autres privilégiés* dans le même sens que le précédent, mais il tire de leur suppression par là loi de l'an XIII une conséquence toute différente. Cette suppression a été intentionnelle. On peut, des deux textes rapprochés, tirer un argument *a contrario*. Si le privilège des Douanes est primé par les privilèges de l'article 2191, le privilège des Contributions indirectes ne l'est pas. Par conséquent celui-ci prime celui-là, et si nous accordons le deuxième rang au privilège de la Régie des Contributions indirectes, le privilège des Douanes ne viendra qu'en troisième rang (2).

Le dernier système nous paraît de beaucoup le meilleur. L'interprétation qu'il donne des mots *et autres privilégiés* est la seule admissible. Celle du premier système est visiblement inventée pour les besoins de la cause. Elle ne correspond ni aux principes de l'ancien droit, ni à l'interprétation donnée par la jurisprudence de la loi de 1791 ; pour tout dire, elle ne signifie rien. Or dès l'instant que l'on admet cette

---

(1) En ce sens :
Vergès : *Op. cit.* p. 152 sqq.
T. comm. Seine 17 mai 1882 (annulé par l'arrêt de la Cour d'appel de Paris du 28 mai 1884 cité *infra*).

(2) En ce sens :
Baudry-Lacantinerie et de Loynes : *Op. cit.* t. I § 662.
Troplong : *Op. cit.* t. I § 99.
Pont : *Op. cit.* t. I § 36.
Aubry et Rau : *Op. cit.* t. III § 263 *bis*.
Paris : 12 déc. 1856. — D. 59. 5. 306. — S. 57. 2. 64.
Caen : 15 janv. 1870. — D. 73. 2. 178. — S. 73. 2. 114.
Paris 28 mai 1884, confirmé par Cass. 9 mars 1885. — D. 86. 1. 109.

interprétation, il ne saurait y avoir d'hésitation entre le second et le troisième système. En présence de textes aussi précis, il n'y a pas à rechercher la volonté du législateur. Nous irons même plus loin. Si le législateur avait réellement eu l'intention de laisser au privilège des Contributions indirectes le rang assigné à celui des Douanes, si la suppression des mots *et autres privilégiés* était le résultat d'une maladresse ou d'une erreur, nous nous rallierions encore au troisième système, parce que la matière des privilèges fiscaux est de droit très étroit, que tous les textes doivent être interprétés le plus restrictement et le plus littéralement possible. Lorsque la loi de germinal an XIII dit que le privilège de la Régie s'exerce avant tout autre, sauf trois exceptions, il n'est pas permis de grossir par voie d'interprétation où d'analogie le nombre de ces exceptions.

Le privilège des Douanes ne vient donc qu'au troisième rang. Par voie de conséquence la caution d'un redevable subrogée au privilège des Contributions indirectes primera la caution d'un redevable subrogée au privilège des Douanes (1).

Le rang des deux privilèges généraux mobiliers qui restent à classer ne peut donner lieu à aucune difficulté, car les lois y relatives déterminent ce rang indirectement toujours, mais avec une précision très grande.

---

(1) C'est sur cette espèce qu'ont été rendus le jugement du Tribunal de commerce de la Seine du 17 mai 1882, l'arrêt de la Cour d'appel du 28 mai 1884 et l'arrêt de la Cour de cassation du 9 mars 1885, cités *supra*.

Le privilège sur les biens des comptables devra s'exercer après celui de la Régie des Douanes, puisqu'il est primé par tous les privilèges civils des articles 2101 et 2102 (loi du 5 sept. 1807, art. 5). Il occupera donc le quatrième rang.

Et enfin au cinquième et dernier rang se placera le privilège des frais de justice criminelle, qui est primé par tous les privilèges des articles 2101 et 2102, et de plus par le privilège garantissant la créance du défenseur du condamné (loi du 5 sept. 1807 art. 2). On peut, il est vrai, contester ce classement et placer ce privilège au même rang que le précédent, en niant que la créance du défenseur soit garantie par un véritable privilège. Certains auteurs veulent n'y voir qu'un prélèvement effectué sur la collocation accordée au Trésor (1). Mais cette opinion est repoussée par la majorité de la doctrine qui considère la créance du défenseur comme privilégiée non seulement à l'égard du Trésor, mais même à l'égard des créanciers chirographaires (2).

4. — Les privilèges spéciaux mobiliers du Trésor public, sont, comme nous le savons, au nombre de trois: privilège de la contribution foncière, privilège des droits de mutation par décès, privilège sur le cautionnement. Le premier ne donne lieu à aucune discussion, puisqu'il jouit du même rang que le privilège des autres contributions directes; il s'exercera « avant

---

(1) Troplong : *Op. cit.* t. I, 35.
C. Rennes, 13 août 1877. — S. 80. 1. 133.
(2) Aubry et Rau : *Op. cit.* t. IV, p. 183.

tout autre », avant les privilèges du droit civil, et avant les autres privilèges du Trésor public.

Le privilège des droits de mutations est au contraire très difficile à classer, parce que la loi du 22 frimaire an VII ne fixe pas son rang. Dans le silence des textes, il faut appliquer le principe général « que le rang des privilèges se règle d'après la faveur attachée à la créance ». Mais quel est au juste le degré de faveur que mérite l'impôt des droits de mutation par décès ? Là commence la difficulté.

Nous n'avons pas cependant à aborder actuellement cette difficulté, puisque nous nous bornons à classer les trois privilèges spéciaux mobiliers les uns par rapport aux autres. Nous retrouverons toutes les controverses auxquelles ce privilège a donné lieu lorsque nous étudierons la classification générale des privilèges. Il nous suffit en ce moment de déterminer son rang par rapport au privilège de la contribution foncière, et du privilège sur le cautionnement.

Le premier conflit doit être tranché évidemment au profit de la contribution foncière, nous l'avons déjà dit.

Le second doit être tranché, à notre avis, au profit des droits de mutation par décès, et ceci pour deux raisons principales :

a) Parce que le privilège sur le cautionnement, bien qu'édicté en faveur du Trésor public, doit être mis sur le même rang que les privilèges civils fondés sur l'idée de nantissement, et que ceux-ci, comme nous le verrons plus loin, sont primés par le privilège des droits de mutation.

b) Parce que le privilège sur le cautionnement est un privilège grevant le capital, et les revenus tandis que le privilège des droits de mutation grève seulement les revenus. En cas de conflit, il est préférable de donner le premier rang au privilège sur les revenus, sinon la garantie donnée à la Régie de l'Enregistrement risquerait de devenir illusoire.

5. — Reste enfin à opérer le classement des privilèges immobiliers du Trésor entre eux ; mais on peut dire que la question ne se pose même pas. Des deux privilèges en conflit, en effet, l'un — celui des frais de justice — est général ; l'autre — celui sur les biens des comptables — est spécial.

Or, nous savons qu'un privilège spécial sur les immeubles est toujours primé par un privilège général. Le privilège des frais de justice devra donc s'exercer avant le privilège sur les biens des comptables.

Section III

Du rang des privilèges du Trésor dans la classification générale des privilèges.

Nous venons de déterminer la classement des privilèges du Trésor entre eux, d'après les lois spéciales qui les régissent. Nous devons maintenant rechercher avec quels privilèges civils ils peuvent se trouver en conflit et comment ces conflits doivent être résolus ; en d'autres termes nous devons déterminer le rang qu'ils occupent dans la classification générale des privilèges.

Disons tout d'abord que cette classification générale dépend du système que l'on adopte pour résoudre le conflit des privilèges généraux et des privilèges spéciaux sur les meubles. — D'après la première et la seconde des trois théories que nous avons signalées plus haut (1), un privilège général fiscal ne peut se trouver en conflit qu'avec des privilèges généraux civils, un privilège spécial avec des privilèges spéciaux. — D'après la troisième théorie, au contraire, privilèges généraux et privilèges spéciaux peuvent se trouver en conflit les uns avec les autres, puisque le rang qu'ils occupent dépend uniquement de la faveur attachée à la créance, et non de la catégorie à laquelle ils appartiennent.

Personnellement nous donnons nos préférences à cette troisième théorie, et c'est sur ces données que nous allons déterminer le classement général. Il sera extrêmement facile aux partisans d'un autre système, de le modifier en conséquence.

6. — Etudions d'abord le conflit des privilèges généraux mobiliers du Trésor avec les différents privilèges mobiliers civils.

I. — *Privilège des Contributions directes.*

Le privilège des Contributions directes tenant de la loi un rang de faveur, peut entrer en conflit avec les privilèges civils auxquels le législateur a également accordé un rang de faveur sans préciser

(1) *Supra :* § 2, II.

davantage, par exemple, avec le privilège des frais de justice, et celui du créancier gagiste. Certains auteurs l'ont mis également en conflit avec le privilège du Trésor sur le cautionnement, le privilège de l'aubergiste, celui du voiturier et celui du bailleur.

a) *Conflit avec le privilège des frais de justice.* — De tous les privilèges mobiliers du droit civil, les auteurs s'accordent à reconnaître que celui qui mérite le premier rang est le privilège des frais de justice. — De tous les privilèges généraux du Trésor, celui qui s'exerce le premier est celui des Contributions directes. Dans quel ordre ces deux privilèges s'exerceront-ils s'ils se trouvent en conflit ?

On a essayé de donner le premier rang au privilège du Trésor en se fondant sur un argument *a contrario* tiré de la loi du 6 et 22 août 1791 et du décret du 1er germinal an XIII. Ces deux textes disposent que le privilège des frais de justice primera celui de la Régie des Douanes et de la Régie des Contributions indirectes. Si le législateur, dit on, n'a pas reproduit cette réserve dans la loi du 12 novembre 1808, c'est avec intention, pour que le privilège des Contributions directes pût primer même celui des frais de justice. Argument extrêmement discutable comme tous ceux qui reposent sur des *a contrario* et sur l'interprétation d'une volonté présumée du législateur, et invoqué à l'appui d'un système d'une application à peu près impossible. — Pour que le privilège du Trésor puisse trouver à s'exercer, il faut que les biens qui constituent son gage aient été réalisés, il faut qu'il y ait eu des frais de justice. Les officiers ministériels qui ont coopéré à cette réalisation du gage ont donc rendu un service à la masse des créanciers, Trésor compris ; et d'après les principes généraux du droit leur privilège doit primer ceux de ces différents créanciers. — D'ailleurs un créancier privilégié ne peut opposer son privilège qu'aux autres créanciers de son débiteur, mais non à ses créanciers propres, et les officiers ministériels en question sont bien les créanciers du Trésor qui ne peut se payer sur le prix de son gage que déduction faite des frais nécessités par sa réalisation. Donc le privilège des frais de justice doit primer celui du Trésor (1).

Toutefois il ne doit le primer que pour les frais nécessaires à la réalisation du gage. Aussi les auteurs s'accordent pour enseigner que les frais du commandement, de saisie et de vente sont seuls privilégiés à l'encontre du Trésor public. Il ne saurait en être de même par exemple des frais de distribution par contribution, puisque cette procédure ne s'applique pas aux créances du Trésor et que les autres créanciers ont été seuls à en bénéficier (2).

b) *Conflit avec le créancier gagiste.* — Le créancier gagiste doit-il primer le Trésor? « Le gage confère au créancier le droit de se faire payer sur la chose qui en est l'objet par privilège et préférence aux autres créanciers » dit l'article 2073 Code civil. Et d'après une certaine opinion, le Code civil n'ayant fait aucune dis-

(1) Aubry et Rau : T. III § 263 *bis*.
Pont: T. I § 53.
Baudry-Lacantinerie et de Loynes : T. I. § 691.
Troplong : T. I §§ 33, 63, 96.

(2) Durieu : *Op. cit.* sur l'art. 11, §§ 65, 66, 67, 68, t. I, p. 197, avec les arrêts cités par lui.

tinction parmi ces « autres créanciers », il faut comprendre dans leur nombre le Trésor public lui-même (1). — S'il n'existait pas d'autre argument que celui-là pour soutenir le rang de préférence du créancier gagiste, la discussion serait vite close, car les lois spéciales sont faites pour déroger aux lois générales, et la loi du 12 nov. 1808 a précisément pour objet de formuler la restriction en faveur du Trésor que l'on ne trouve pas dans l'article 2073 Code Civil. Mais on a donné encore dans le même sens un argument plus délicat à réfuter.

Le créancier gagiste, dit-on, n'est pas un créancier comme les autres. Il jouit d'un droit plus étendu que les autres privilégiés, parce qu'il possède un droit de rétention qui sauvegarde son privilège et empêche qu'on puisse disposer de la chose à son insu. Pour que le Trésor puisse l'évincer de sa possession et venir chercher le gage entre ses mains, il faudrait que son privilège fût armé d'un droit de suite, et nous savons qu'il n'en est pas ainsi.

L'argument est spécieux. Il n'est aucunement besoin que le Trésor jouisse d'un droit de suite pour atteindre le gage dans les mains du créancier gagiste, puisque ce bien n'a jamais cessé d'appartenir au débiteur. « Ce droit de rétention, dit M. Troplong, est bon à opposer au débiteur lui-même ; c'est une garantie donnée au gagiste contre la mauvaise foi de ce dernier. Mais lorsqu'il s'agit de créanciers qui ont aussi un privilège sur l'objet mis en gage, les choses ne sont plus les

(1) Duranton : *Dr. civ.* T. XIX p. 231.

mêmes; on ne peut plus leur reprocher de mauvaise foi ou de dol, et, sous ce rapport, leur condition est meilleure que celle du débiteur. Il ne s'agit donc que de peser la cause de leur privilège, et, si elle est préférable à la cause du gagiste, ce droit de rétention ne peut être opposé (1). » Les créanciers conservent donc toujours le droit de poursuivre la réalisation du gage entre les mains du gagiste, et de se faire colloquer sur le prix suivant l'ordre de leurs privilèges.

On dit encore, que l'article 2098, 2° s'oppose à ce que le privilège du Trésor puisse porter atteinte aux droits du créancier gagiste, lorsque la constitution du gage est antérieure à la naissance du privilège. L'argument ne saurait nous toucher, puisque nous n'admettons pas cette interprétation de l'article 2098.

Nous concluerons donc que le privilège des Contributions directes s'exerce avant celui du créancier gagiste (2).

c) *Conflit avec le privilège du Trésor sur le cautionnement des comptables.* — Nous dirons peu de choses de ce conflit qui rentre dans le précédent, le privilège du Trésor sur le cautionnement n'étant qu'une variété du privilège du gagiste. La jurisprudence a vainement essayé de soutenir que le cautionnement était frappé d'indisponibilité entre les mains du fisc pen-

---

(1) *Op. cit.* § 256.

(2) On peut encore tirer argument en ce sens du texte même de la loi de 1808 qui dit que ce privilège s'exercera avant tout autre sur les biens des redevables en quelque lieu qu'ils se trouvent, c'est-à-dire sur les biens qui, sans avoir cessé d'appartenir au débiteur, se trouvent en d'autres mains que les siennes, aux mains d'un gagiste, d'un dépositaire, etc. — Cf. Durieu : *Op. cit.* Art. 11 § 80, t. I, p. 208.

dant toute la durée des fonctions du fonctionnaire, et que les autres créanciers ne pouvaient le détourner de sa destination en poursuivant sur lui leur paiement (1). Aucun texte ne justifie cette théorie, et l'Etat n'est aucunement intéressé à ce que le cautionnement soit indisponible. Les comptables doivent être solvables, et si, par suite de saisie, leur cautionnement devient insuffisant, ils seront dans l'obligation ou de le compléter, ou de donner leur démission.

d) *Conflit avec le privilège du voiturier et celui de l'aubergiste.* — Ces deux privilèges spéciaux sont fondés sur l'idée de nantissement. Aussi, est-ce comme corollaire de sa théorie sur le privilège du gagiste que M. Duranton décide de leur faire primer le Trésor. Ce corollaire devient naturellement inadmissible lorsqu'on repousse comme nous l'avons fait la théorie principale.

e) *Conflit avec le privilège du bailleur.* — Nous ne signalons que pour mémoire ce dernier conflit, qu'on ne peut pas discuter sérieusement (2). A quoi servirait le rang de faveur accordé par la loi de 1808 au privilège des Contributions directes, que voudrait dire l'expression « s'exerce avant tout autre » si l'on admettait des dérogations que rien ne justifie. Le privilège des Contributions indirectes et celui des Douanes qui sont

(1) En ce sens : Durieu : *Op. cit.*, art. 11, §§ 81 à 87, t. I, p. 211, et les différents arrêts qu'il cite à l'appui de sa thèse.

Contra :

Dumesnil et Pallain, § 193.

Dalloz : *Rép.* v° *cautionnement*, § 103.

Ducos : *Th. doct.*, p. 105.

Vergès : *Th. doct.*, p. 149.

(2) V. Durieu : *Op. cit.* art. 11, §§ 71 à 80, t. I, p. 201.

beaucoup moins favorisés que celui des Contributions directes ne sont primés que partiellement — pour six mois de loyers — par celui du bailleur. Le privilège du bailleur enfin est fondé sur l'idée du gage, et la discussion rentre toujours dans la précédente.

En résumé, le privilège des Contributions directes doit donc s'exercer immédiatement après le privilège des frais de justice, et avant tout autre.

II. — *Privilège du Timbre.*

Tout ce que nous venons de dire du privilège des Contributions directes s'applique au privilège du Timbre pour les raisons précédemment indiquées.

III. — *Privilège des Contributions indirectes.*

Le privilège des Contributions indirectes ne peut donner lieu à de grandes difficultés, la loi qui lui donne naissance ayant déterminé son rang avec une assez grande précision. Nous avons déjà eu l'occasion de réfuter le système assez singulier qui prétend le faire primer par tous les privilèges de l'article 2101 et de l'article 2102 Code civil (2).

La seule discussion un peu sérieuse que l'on ait soulevée au sujet de ce privilège a trait à son conflit avec le privilège du bailleur. Le décret du 1er germinal an XIII veut que le privilège de la Régie soit primé par celui du bailleur pour six mois de loyers seule-

---

(1) V. Ducos : *Op. cit.*, p. 104.
(2) *Supra*, § 3, p. 180.

ment, tandis que le Code civil fait garantir par le privilège du bailleur tous les loyers exigibles. Du texte général ou du texte spécial, lequel doit l'emporter ? Il est évident que c'est le texte spécial. Le privilège du bailleur est en quelque sorte coupé en deux : pour une créance de six mois de loyers, il prime celui de la Régie ; pour toute créance supplémentaire, il est primé par lui. Le privilège de la Régie s'exercera donc après celui des Contributions directes, celui du Timbre, celui des frais de justice et celui du bailleur pour six mois de loyers.

IV. — *Privilège des Douanes.*

Nous avons vu précédemment que le privilège des Douanes était primé, en sus des créances précédentes, par les « autres privilégiés », c'est-à-dire par les créanciers énumérés à l'article 2101 du Code civil. Nous ne reviendrons pas sur ce que nous avons déjà dit à ce sujet. Aucun conflit intéressant ne peut s'élever entre ce privilège et les privilèges du droit civil.

V. — *Privilège sur les biens des comptables.*

Le rang de ce privilège par rapport aux privilèges civils est établi fort nettement par l'article 2 de la loi du 5 septembre 1807 : « Ce privilège, dit le texte, ne s'exerce néanmoins qu'après les privilèges généraux et particuliers énoncés aux articles 2101 et 2102 du Code civil. »

On peut se demander toutefois s'il faut entendre ce texte dans un sens restrictif, et décider que les privilèges énoncés aux articles 2101 et 2102 pourront seuls primer le privilège du Trésor ? On sait que l'énumération de l'article 2102 est loin d'être complète. Il serait évidemment absurde de faire primer par le privilège du Trésor des privilèges qui ne figurent pas dans l'article 2102 mais qui reposent sur la même idée et jouissent du même rang que certains privilèges qui y figurent. Nous croyons donc qu'il faut entendre dans un sens large les expressions qu'emploie la loi de 1807 et les interpréter ainsi : « Ce privilège sera primé par tous les privilèges généraux ou spéciaux sur les meubles institués par le droit civil ».

VI. — *Privilège des frais de justice.*

Ce dernier privilège ne soulève aucune difficulté. Il s'exerce après tous les autres privilèges précédemment énumérés, y compris les privilèges des articles 2101 et 2102 C civil, et de plus après la créance privilégiée dont jouit le défenseur de l'accusé pour recouvrer ses honoraires.

7. — *Conflit des privilèges spéciaux du Trésor avec les différents privilèges mobiliers civils.*

I. — *Privilège de la contribution foncière.*

Le privilège de la contribution foncière jouit du même rang que le privilège des Contributions directes, et tout ce que nous avons dit au sujet de ce dernier lui est applicable (1).

---

(1) V. les développements dans Durieu, *Op. cit.* art. 11, §§ 97-100, t. I, p. 219

II. — *Privilège sur le cautionnement.*

Le privilège du Trésor sur les cautionnements fournis par les comptables est un privilège fondé sur l'idée de gage. Il faut donc l'assimiler entièrement au privilège du créancier gagiste et lui donner le même rang qu'à ce dernier, soit immédiatement après le privilège du bailleur (1).

Remarquons toutefois que le cautionnement des comptables publics est également affecté à la garantie des créances des particuliers résultant d'abus et prévarications commis par les fonctionnaires dans l'exercice de leurs fonctions. (Loi du 6 ventôse, an XIII, art. 2102, 7° du Code civil). Ces créances viendront sur les fonds du cautionnement en concurrence avec celle du Trésor, la loi ayant mis au même rang tous les créanciers pour faits de charge.

III. — *Privilège des droits de mutations par décès.*

Le privilège des droits de mutation par décès ne peut pas être classé directement, puisqu'aucun texte ne nous donne d'indications sur le rang qu'il doit occuper. Il faut donc le classer indirectement, au moyen d'une série d'approximations successives, en

(1) *Contra :* Dalloz: *Rep.* v° *Privilège*, § 589. — Dumesnil et Pallain, § 349. Ces auteurs estiment que le privilège du Trésor sur le cautionnement doit être considéré comme tout à fait différent de celui du gagiste, parce que le Code civil les mentionne séparément, l'un dans le § 2, l'autre dans le § 7 de l'article 2102 C. civ. Suivant cette opinion, le privilège sur le cautionnement serait tout à fait spécial et ne pourrait concourir avec aucun autre privilège.

résolvant les différents conflits qui peuvent naître entre les privilèges civils et celui-ci.

Le privilège de la Régie de l'enregistrement sera primé par le privilège des frais de justice. Les raisons d'intérêt général que nous avons indiquées à propos du conflit de ce dernier privilège avec celui des contributions directes peuvent s'appliquer pareillement ici.

Nous avons été conduits à décider également qu'il était primé par le privilège de la contribution foncière (1).

D'autre part, si le privilège des droits de mutation par décès se trouve en conflit avec les privilèges généraux ou spéciaux du droit civil, nous croyons qu'il convient de donner le premier rang au privilège du fisc, et ceci pour deux raisons :

1° Le Trésor est, en principe, préférable à tous autres créanciers à raison de l'intérêt qui s'attache à sa créance. En l'absence de texte déterminant le rang d'un privilège du Trésor, celui-ci doit être préféré aux autres créanciers. La solution contraire ne pourra être donnée que lorsqu'il est réellement impossible, en droit et en fait, de faire primer le privilège civil par le privilège fiscal (Exemple : frais de justice).

2° Le privilège des droits de mutation s'exerce seulement sur les revenus des biens, tandis que la plupart des privilèges de l'article 2101 et 2102 portent sur un

---

(1) *Supra*, § 4 p. 184.

Contra Dumesnil et Pallain, § 349. Ces auteurs estiment que le privilège des droits de mutation doit venir sur le même rang que celui de la contribution foncière, sans expliquer d'ailleurs les raisons de cette préférence.

capital. Faire primer par eux le privilège du Trésor serait rendre illusoire l'efficacité de celui-ci, car les autres créanciers ne manqueraient pas de se payer d'abord sur les revenus.

Cet argument ne peut être, il est vrai, invoqué à l'encontre du privilège pour frais de récolte qui porte exclusivement sur les revenus. On objecte encore que les frais faits pour la conservation de la récolte ont été utiles au Trésor et qu'ils doivent être payés par préférence à sa créance, en vertu des principes généraux du droit. Malgré cet argument d'équité, la Cour de cassation a cru devoir conférer le premier rang au privilège du fisc, parce que celui-ci déroge à toutes les règles générales du droit, qu'il est fondé sur l'idée d'intérêt social et qu'il doit-être préféré même aux privilèges fondés sur l'idée de conservation de la chose (1).

Etant donné d'une part que le privilège des droits de mutation prime les privilèges de l'article 2101 Code civil ; d'autre part qu'il est primé par le privilège de la contribution foncière, il ne peut se trouver en conflit qu'avec le privilège des Contributions indirectes. Et dans ce conflit, c'est lui qui doit triompher puisqu'il porte sur les revenus, tandis que le privilège de la Régie ne présente pas ce caractère.

Le privilège des droits de mutation se classe donc entre celui des Contributions directes et celui des Contributions indirectes.

Remarquons avec M. Planiol (2); en terminant cette

(1) Cass. 3 janvier 1809 : S. 1809. I. 9.
(2) Planiol : *Droit civil,* § 2637.

classification des privilèges mobiliers, que les privilèges du Trésor se partagent en deux grands groupes : L'un (Contributions directes, Contribution foncière, Timbre, Enregistrement, Contributions indirectes), prime tous les privilèges civils, à l'exception bien entendu des frais de justice; l'autre (cautionnement, douanes, biens des comptables, frais de justice criminelle) jouit d'une faveur moins grande et prend place au milieu des privilèges civils.

8. — Le rang des privilèges immobiliers du Trésor est réglé avec tant de précision par les lois du 5 septembre 1807, qu'aucun conflit ne risque de s'élever entre ces privilèges et ceux du droit civil.

Toutefois ces lois contiennent une dérogation aux règles du droit commun qu'il importe de signaler.

Le droit commun veut qu'un privilège spécial immobilier soit toujours primé par un privilège général immobilier (art. 2105 C. civ.). Or la loi relative au privilège des frais de justice criminelle dispose dans son article 4 :

« Le privilège mentionné dans l'article 3 ci-dessus ne s'exercera qu'après les autres privilèges et droits suivants.

« 1° Les privilèges désignés en l'article 2101 du Code civil dans les cas prévus par l'article 2105;

« 2° Les privilèges désignés en l'article 2103 du Code civil pourvu que les conditions prescrites pour leur conservation aient été accomplies;

« 5° Les sommes dues pour la défense personnelle du condamné. »

Le privilège des frais de justice criminelle qui est un privilège général immobilier vient donc seulement après les privilèges spéciaux de l'article 2103 du Code civil !

Les lois spéciales dérogeant aux lois générales, il faut bien admettre cette exception au droit commun. Le législateur a d'ailleurs prouvé combien il attachait peu de faveur au privilège des frais de justice criminelle en le faisant primer par de simples hypothèques.

Mais cette disposition devient très embarrassante lorsqu'il s'agit de classer le privilège sur les biens des comptables. En le classant directement, par rapport au privilège des frais de justice criminelle, nous n'avons pas hésité à lui donner le second rang (1). Or la loi qui lui donne naissance dispose qu'il s'exercera après les créanciers privilégiés des articles 2101 et 2103 du Code civil (art. 5, 1° et 2°). Donc il s'exerce avant le privilège du défenseur et *a fortiori* avant celui des frais de justice criminelle!

Cette dernière interprétation nous paraît absolument inadmissible, en dépit de l'argument de texte que nous venons de donner, et cela pour deux raisons :

1° La loi de 1807 sur les comptables ne formule pas une dérogation expresse au principe de l'article 2105 Code civil. Seul le rapprochement de ce texte avec celui de la loi sur les frais de justice criminelle permet de supposer une dérogation tacite.

Or s'il est vrai que les lois spéciales dérogent aux lois générales, il est également vrai que ces lois spéciales doivent être interprétées restrictivement et que

---

(1) *Supra*, § 5 p. 185

les dérogations au droit commun ne se présument pas. En conséquence, puisque la loi n'a pas dit formellement le contraire, nous continuerons à admettre que le privilège sur les biens des comptables doit passer après celui des frais de justice, en vertu de l'art. 2105 Code civil.

2° Le système contraire aboutirait d'ailleurs à une conséquence inadmissible. Supposons que le Trésor public ait été créancier pour frais de justice criminelle, non pas du comptable, mais de son auteur, du tiers qui lui a vendu l'immeuble. Ce privilège des frais de justice criminelle grevant l'immeuble vendu va primer le privilège qui garantit sur le même immeuble le recouvrement des débets du comptable (1). Supposons maintenant que le Trésor, au lieu d'être créancier de l'auteur du comptable soit créancier du comptable lui-même, et le rang des deux privilèges va se trouver interverti! Cette conséquence nous paraît franchement absurde.

Nous admettrons donc que le privilège sur les immeubles des comptables ne peut s'exercer qu'après celui des frais de justice, et *a fortiori* après celui du défen-

---

(1) Aux termes de l'article 5, 3° de la loi sur les biens des comptables le privilège du Trésor est primé par les créanciers des précédents propriétaires qui auraient sur les biens acquis des hypothèques légales dispensées d'inscription, ou toute autre hypothèque valablement inscrite.

Il sera donc primé par le Trésor créancier des frais de justice criminelle, si celui-ci a laissé dégénérer son privilège en hypothèque légale, *a fortiori* il le sera par le Trésor si celui-ci a conservé, par une inscription prise à temps, son privilège pour le recouvrement des frais de justice criminelle contre l'auteur du comptable.

seur. Toutefois on peut concilier notre solution avec les textes, en admettant que le privilège du défenseur n'est pas un privilège proprement dit, opposable *erga omnes,* mais un simple droit de prélèvement, opposable seulement au Trésor lorsque celui-ci agit en tant que créancier des frais de justice. Le privilège des frais de justice s'exercera par conséquent l'avant-dernier, et celui sur les comptables le dernier de tous les privilèges immobiliers.

Vu :
Lyon, le 30 juin 1903.
Le Président de la Thèse,
E. BOUVIER.

Vu :
Lyon, le 1er juillet 1903.
Le Doyen de la Faculté,
E. CAILLEMER.

PERMIS D'IMPRIMER :
Lyon, le 1er juillet 1903.
Le Recteur de l'Académie,
Président du Conseil de l'Université.
G. COMPAYRÉ.

BIBLIOGRAPHIE

I. — Répertoires, recueils, etc...

BÉQUET. Répertoire de droit administratif. Paris, 1882. V° *Douanes*, *Enregistrement*, *Impôts directs*, *Impôts indirects*.

DALLOZ. Répertoire général. V° *Privilèges et hypothèques*. *Trésor public*.

DALLOZ. Supplément au répertoire. V° *eodem*.

Dictionnaire raisonné des domaines et des droits domaniaux. 2 v. Paris, 1875.

Dictionnaire des droits d'enregistrement, par les rédacteurs du *Journal de l'enregistrement*. 3e éd. Paris, 1875. V° *Privilège*.

FERRIÈRE. Dictionnaire de droit et de pratique, 2 vol., Paris 1740. — V. *Comptable, Privilège du fisc*, *fisc*, *impositions, fermes du roi*, etc.

FUZIER-HERMANN. Répertoire général du droit français. V° *Comptabilité publique*, *Contributions directes*, *Contributions indirectes*, *Douanes*, *Enregistrement*, *Privilège*.

GARNIER. Répertoire général de l'Enregistrement. 6 vol., Paris, 1890.

GUYOT. Répertoire universel de jurisprudence civile, criminelle, canonique et bénéficiale. Paris, 1775. V° *Aides, Amende, Capitations, Centième denier, Comptable, Contributions, Gabelle, Privilège, Taille, Traites, Vingtièmes.*

ISAMBERT. Recueil général des lois de la France. Paris, s. d. 28 v.

LABORI. Répertoire. V° *Impôts directs, Impôts indirects, Privilèges.*

MERLIN. Répertoire universel et raisonné de jurisprudence. Paris, 1827. V° *Contributions publiques, Comptable, Frais des procès criminels, Privilège de créance.*

Pandectes françaises. Répertoire. V° *Douanes, Enregistrement, Impôts, Privilège, Successions.*

II. — Traités généraux.

BATBIE. Traité théorique et pratique de droit public et administratif. 2e éd. 9 vol. Paris, 1885.

BAUDRY-LACANTINERIE. Précis de droit civil, 3 vol., Paris, 1896.

BAUDRY-LACANTINERIE et DE LOYNES. Des privilèges et hypothèques. 2 vol. Paris, 1895.

DEMANTE et COLMET DE SANTERRE. Cours de Code civil. 9 vol. Paris 1881.

DUMESNIL et PALLAIN. Traité de la législation spéciale du Trésor public en matière contentieuse. 3e éd. Paris, 1898.

DURIEU. Des poursuites en matière de contributions directes. 2e éd. 3 vol. Paris, 1876.

ESMEIN. Cours élémentaire d'histoire du droit français. Paris, 2e éd. 1895.

GUILLOUARD. Traité des privilèges et hypothèques. 3 vol. Paris. 1897.

JOURDAN. Etudes de droit romain : l'hypothèque. Paris et Aix. 1876.

LEROY-BEAULIEU. Traité de la science des finances. 5e éd., 2 vol. Paris. 1892.

HUC. Commentaire théorique et pratique du Code civil. (T. XIII). 14 vol. Paris. 1892.

LAURENT. Principes de droit civil français. (T. XXX). 2e éd. 33 vol. Paris, 1876.

MARCADÉ et PONT. Explication du code Napoléon. Paris. 1867. 13 vol. (*Des privilèges et hypothèques*, 2 vol.).

PLANIOL. Traité élémentaire de droit civil. Paris. 1900. 3 v.

TROPLONG. *Le droit civil expliqué.* Des privilèges et hypothèques. 4e éd. 4 vol. Paris. 1845.

WAHL. Traité de droit fiscal. 2 vol. parus. Paris. 1902.

III. — Thèses et Articles de Revues.

BOISNARD. Des cautionnements établis en faveur du Trésor public. Paris, 1896.

CABANIS. Du privilège du Trésor pour le recouvrement des droits de successions. Montpellier. 1887.

COSSIC. Des moyens du Trésor pour le recouvrement des droits de mutation par décès. Rennes. 1901.

DU BOYS. Des garanties accordées à l'Etat sur les biens de ses débiteurs contractuels. *(Droit romain).*— Des privilèges et hypothèques accordés à l'Etat, aux établissements publics et aux communes sur les biens de leurs comptables (*Droit français*). Paris. 1883.

Ducos. Du *jus prœdiatorum* (*Droit romain*). — Des privilèges et hypothèques du Trésor public (*Droit français*). Bordeaux, 1881.

Moissenet. Etude sur le droit de suite en matière de privilèges mobiliers. Dijon, 1901.

Saint-Paul. Des droits du fisc en droit romain. — Des obligations et des droits du Trésor public en droit français. Paris, 1875.

Pont. Du privilège du Trésor sur les biens des comptables. *Le Droit*, Janvier, 1856.

Serrigny. Du privilège sur les droits de mutation après décès. *Revue critique*, 1856.

Sureau. Des privilèges et hypothèques sur les biens des contribuables. Poitiers, 1901.

Testoud. Examen doctrinal. *Rev. crit.* 1882 p. 417.

Testoud. Examen doctrinal. *Rev. crit.*, 1891 p. 273.

Valroger (de): De la ferme des impôts en droit romain, Paris, 1895.

Vergès. Des hypothèques et privilèges du Trésor public. Toulouse, 1897.

Wahl. Examen doctrinal, jurisprudence en matière de droit fiscal (IX); *Rev. crit.*, 1893 p. 129.
— Note dans Sirey 1890. 2. 194.

Zéglicki. Du privilège de la Régie des Contributions indirectes. *Rev. crit.* 1897 p. 180.

TABLE DES MATIÈRES

INTRODUCTION

PREMIÈRE PARTIE

Des privilèges du Trésor Public.

DEUXIÈME PARTIE

Des effets des privilèges du Trésor.

CHAPITRE III. — *Des personnes à l'encontre desquelles s'exerce le privilège du Trésor.*

CHAPITRE IV. — *Du rang des privilèges du Trésor.*

Section I. — Du rang des privilèges en général.

Section II. — Du rang des privilèges du Trésor entre eux.

Section III. — Du rang des privilèges du Trésor dans la classification générale des privilèges.

Imp. WALTENER & Cie, 3, rue Stella, Lyon

www.ingramcontent.com/pod-product-compliance
Ingram Content Group UK Ltd.
Pitfield, Milton Keynes, MK11 3LW, UK
UKHW021127220726
13924UKWH00004B/1938

9 782019 924058